APFEL KÜCHE

Madeleine und Florian Ankner

APFEL KÜCHE

*Vom Baum auf den Tisch –
über 70 herzhafte &
süße Rezepte*

DK

Inhalt

Die Apfelbäume in den Gärten unserer Großeltern waren für uns als Kinder mehr als nur Pflanzen. Im Frühling und Sommer verwandelten wir die Bäume in Abenteuerspielplätze, schlangen Tücher um die Äste und bauten Räuberhöhlen. Wir erklommen die Wipfel, naschten die ersten Früchte direkt vom Baum, breiteten unsere Picknickdecken unter dem grünen Blätterdach aus und genossen zur Erntezeit ein großes Stück von Omas frisch gebackenem Apfelstrudel.

Auch wenn wir heute keine Räuberhöhlen mehr bauen und keine Wipfel mehr erklimmen – die guten Erinnerungen sind geblieben. Wahrscheinlich lag es uns auch deshalb so am Herzen, dieser wunderbaren Frucht gleich ein ganzes Buch zu widmen und die Vielfalt des Apfels aufzuzeigen. Von süß bis säuerlich, von fruchtig bis herb: Jede Sorte bringt ihr eigenes Aroma mit und verleiht verschiedensten Gerichten eine besondere Note.

Vorwort

Der Anblick eines Apfels weckt unsere schönsten Kindheitserinnerungen: Auf Bäume klettern, in saftige Früchte beißen und das Leben genießen.

Ein besonderes Augenmerk richten wir dabei auf die sogenannten alten Apfelsorten. Jene Sorten also, die bereits seit Jahrhunderten kultiviert, geerntet und gegessen werden – und die über die Jahre bei vielen Konsumenten teils oder sogar vollständig in Vergessenheit geraten sind. Von rund 20 000 Sorten, die weltweit bekannt sind, spielen nur noch ein paar Dutzend eine wirtschaftliche Rolle. Warum das so ist, erklärt uns Pomologe Meinolf Hammerschmidt, den wir für eine Reportage im Norden Deutschlands besuchen durften (siehe Seite 14). Mehr als 700 alte Sorten hat der Gärtner über die Jahre gepflanzt. Die Liebe zum Apfelbaum und der Wille zu dessem möglichst vielfältigen Erhalt ist bei ihm allgegenwärtig.

Auch kulinarisch führt uns der Apfel auf eine Reise. Sie begann bereits 2013 mit dem Start unseres Foodblogs »Das Backstübchen«, der nicht zuletzt durch die Backkünste von Madeleines Oma entstanden ist. Ihre Rezepte inspirieren uns bis heute. Das beste davon, ihr leckerer Apfelstrudel, findet sich in diesem Buch inmitten von weiteren Klassikern aus unserer Kindheit, wie Bratäpfel, Apfelküchle oder Florentiner Apfelkuchen, wieder.

Mit Tarte Tatin, Piroggen oder Muscheln in Cider-Sud machen wir uns dann kulinarisch auf in andere Länder. Immer im Mittelpunkt: der Apfel in seinen unterschiedlichsten Formen – mal fruchtig und süß, mal säuerlich und herb, mal als ganze Frucht, als Mus oder als Saft. Wie gut Aroma und Geschmack des Apfels dabei mit herzhaften Gerichten und Zutaten harmonieren, hat uns selbst immer wieder aufs Neue begeistert.

Wir hoffen, mit unseren Kreationen auch bei Ihnen die Freude an unserem heimischen Lieblingsobst und so manche schöne Kindheitserinnerung zu wecken.

EINLEITUNG

Die Wurzeln des modernen Apfels

Schmelzender Schnee füllt kleine Seen, ein rauer Wind zieht über den Gebirgskamm, der zu den höchsten der Welt zählt. An den Hängen strahlen die Baumwipfel gelb und rot. Dort, im Südosten Kasachstans, befindet sich der Garten Eden – der Ursprung des Apfels.

Die Wiege des Apfels liegt in der Nähe des mächtigen Tian-Shan-Gebirges und der ehemaligen kasachischen Landeshauptstadt Almaty, deren Name übersetzt »Großvater des Apfels« bedeutet. Woher er rührt, wird mit einem Blick auf die Hänge deutlich: In kleinen Wäldern wachsen unzählige Apfelbäume, wild, natürlich und ohne dass sie jemals jemand pflanzte. Von den Früchten, die wir heute kennen, unterscheiden sie sich deutlich: Sie ähneln in Aussehen und Größe eher einer Kirsche. Schnell wird klar: Erst über Umwege konnte der Apfel zum Lieblingsobst der Deutschen werden.

Weil der asiatische Holzapfel recht klein und holzig war, viele Kerne hatte und sehr sauer schmeckte, nutzte man ihn als Futtermittel für Wildpferde und Hirsche. Die Tiere transportierten den Samen über den Dung weiter. In der Antike begann der Mensch dann, Exemplare über die Seidenstraße in den Schwarzmeerraum zu bringen. Unterschiedliche Sorten konnten sich miteinander vermischen. Wie wissenschaftliche Untersuchungen gezeigt haben, enthält der heutige Apfel Spuren von mindestens vier Wildapfelarten.

Von den Römern und Griechen wurde der Apfel schließlich kultiviert und gelangte mit den römischen Feldzügen etwa 100 v. Chr. auch nach Mittel- und Nordeuropa. Die Frucht schmeckte jetzt süßer – und es wurden ihr besondere Fähigkeiten zugeschrieben. Bei den Griechen etwa galt der Apfel als Aphrodisiakum. Im Heiligen Römischen Reich Deutscher Nation symbolisierte er die Weltkugel und wurde als sogenannter Reichsapfel bei Krönungszeremonien vom Herrscher in der linken Hand gehalten. Über Jahrtausende war er Symbol für Macht, Reichtum und Verführung.

Heute ist der Apfel ein Alltagsprodukt. Denn auch die landwirtschaftliche Bedeutung nahm immer mehr zu: Um 1880 sollen mehr als 20 000 Apfelsorten weltweit kultiviert gewesen sein. Im Zuge des Erwerbsobstbaus konnten aber nur wenige besonders leistungsstarke Sorten wirtschaftlich bestehen.

In Deutschland werden laut Bundeszentrum für Ernährung heute hauptsächlich Äpfel der Sorte Elstar und der Jonagoldgruppe angebaut. Braeburn, Gala, Boskoop, Pinova, Idared, Golden Delicious und Holsteiner Cox folgen der Behörde zufolge auf den weiteren Plätzen. Der Anbau findet mittlerweile auf platzsparenden Spindeln statt. Ihre Wuchshöhe ist so eingeschränkt, dass jeder Apfel von Hand erreicht werden kann. Die Früchte sind auf EU-Normen und die Anforderungen des Einzelhandels ausgerichtet: Sie sind knackig, saftig und haben gute Lager- und Transportfähigkeiten.

Um den Erhalt alter Apfelsorten kümmern sich heute vor allem Vereine. Wer zur Sortenvielfalt beitragen möchte, kauft regionale und seltene Früchte oder pflanzt im Garten seinen eigenen Baum mit alten Sorten.

Pomologe Meinolf Hammerschmidt sammelt in seinem großen Garten mehr als 700 alte Apfelsorten. Sein Ziel ist es, möglichst viele Sorten zu erhalten.

Meinolf Hammerschmidt: Hüter des »Pomarium Anglicum«

Matte, raue Schale und Rostfiguren auf der Haut: Der Apfel, den Pomologe Meinolf Hammerschmidt in der Hand hält, ist nicht gerade eine Schönheit – auch wenn sein Name eigentlich etwas anderes vermuten lässt. »Der Schöne von Boskoop«, sagt Hammerschmidt und lacht. »Saftiges Fruchtfleisch, säuerlich im Geschmack« – und eine der wenigen alten Apfelsorten, die es bis in die Supermärkte geschafft haben.

Rund 20 000 Apfelsorten sind weltweit bekannt. Im Handel spielten heute aber nur noch wenige eine Rolle, sagt der Pomologe. »Die Äpfel müssen makellos sein, eine bestimmte Größe haben, dürfen nicht zu schnell bräunen.« Die Menschen seien gepolt auf Äußerlichkeiten. Das gelte nicht nur für sie selbst, sondern eben auch für das Obst und Gemüse, das sie essen. Dabei seien es oftmals gerade die vermeintlich unperfekten Sorten, die besonders aromatisch schmecken.

Der »Finkenwerder Herbstprinz« etwa ist so eine Sorte, die erst dann richtig gut schmeckt, wenn sie runzlig ist. Umringt von Hunderten Bäumen und unbehelligt jedweder Schönheitsideale, wächst der Apfel in Hammerschmidts Garten. In Sörup, unmittelbar vor der Grenze zu Dänemark, hat der gebürtige Westfale das »Pomarium Anglicum«, den angelsächsischen Apfelgarten, erschaffen – eine Art Arche Noah für alte Apfelsorten.
Ohne Bestandspflege seien viele alte Sorten vom Aussterben bedroht.

Wer durch das Anwesen streift, kommt vorbei an der »Perle von Angeln«, dem »Dithmarscher Borsdorfer« oder der »Süderhex«. Mehr als 700 Sorten haben Hammerschmidt und seine Frau Karin über die vergangenen 30 Jahre gesammelt und gepflanzt. Schon zuvor habe er in Afrika als Entwicklungshelfer im Bereich Obstbau gearbeitet und dort seinen »politischen Antrieb« entwickelt, wie er heute erzählt. Zurück in Deutschland sei dann der »Angelner Herrenapfel« die erste alte Sorte in seiner Sammlung gewesen. Hammerschmidt fand ein rund 150 Jahre altes Exemplar in einem Söruper Garten. Er recherchierte und stellte fest: »Es war der einzige Baum dieser Sorte, der noch bekannt war.« Der Pomologe begann mit der Nachzucht. »Inzwischen wächst dieser Apfel wieder in vielen Gärten.«

Form und Größe, die Farbe der Schale, die Tiefe der Kelchhöhle, Berostung und Geschmack sind nur einige Kriterien, anhand derer sich Apfelsorten bestimmen lassen.

Vor allem über Gespräche mit den örtlichen Landfrauen habe er viele weitere alte Sorten ausfindig gemacht, sagt Hammerschmidt.

Sein Wissen und seine Leidenschaft für Äpfel machten den gelernten Gärtner über die Jahre zu einem gefragten Mann. Er war nicht nur Dozent an der Uni Flensburg, sondern ist auch Ansprechpartner für das Land Schleswig-Holstein und das Entwicklungsministerium. Die Expertise der Hammerschmidts wird gerne in Anspruch genommen. »Immer wieder bekomme ich einen Apfel vorgelegt, mit der Bitte, ihn zu bestimmen.« Der Pomologe hangelt sich dann an verschiedenen Merkmalen entlang: Form und Größe der Frucht, Farbe der Schale, Tiefe der Kelchhöhle, Berostung und Geschmack sind nur einige Kriterien, anhand derer sich Apfelsorten bestimmen lassen. »Das da, das ist zum Beispiel ein Gravensteiner«, sagt Hammerschmidt und pflückt die Frucht vom Baum. »Der perfekte Apfel, um ihn pur zu essen. Eine der wohlschmeckendsten Sorten. Mein Lieblingsapfel.« Der Gravensteiner war der Apfel der dänischen Königsfamilie und wurde 1668 von einem Prinzen aus Frankreich mitgebracht. Aufgrund seines angenehmen Dufts habe man die Früchte früher gerne zur Wäsche gelegt – »statt Mottenkugeln«.

Wenn Hammerschmidt Besucher durch seinen Garten führt, erzählt er viele solcher Geschichten. Da ist zum Beispiel der »Prinzenapfel« – im Volksmund auch als »Nonnentitt« bekannt. »Wegen seiner länglichen Form.« Oder der »Edelborsdorfer«, die älteste Apfelsorte Deutschlands. Eine Tour durch das Anwesen der Hammerschmidts ist auch eine Reise durch die Zeit. Verschiedene Themengärten beleuchten die Geschichte des Apfels vom antiken Rom bis zur Bedeutung in Klostergärten. Und gerade ältere Menschen suchen im »Pomarium Anglicum« den Geschmack ihrer Kindheit. »Und sind dann mitunter enttäuscht, wenn sie in den Apfel beißen, den sie früher so gerne gegessen haben.«

Der Anspruch an Geschmack und Aussehen von Äpfeln habe sich über die Jahre, bewusst oder unbewusst, eben verändert. Färbt sich ein Apfel nach dem Anschnitt beispielsweise schnell braun, werde das häufig als Makel gesehen. Dabei sei die Verfärbung gerade für Allergiker ein gutes Zeichen.

Schuld am Braunwerden der Äpfel seien Polyphenole. Sie verhinderten, dass die Allergie auslösenden Eiweißstoffe vom Körper aufgenommen werden. Die Pflanzenstoffe seien im Laufe der Jahre allerdings aus vielen Äpfeln herausgezüchtet worden, da sie dem Apfel einen säuerlichen Geschmack verleihen. »Leider zählen in der Lebensmittelindustrie Haltbarkeit, Druckfestigkeit und Zuckergehalt mehr als Unverträglichkeiten oder Vitamine. Das sollte nicht so sein, da müssten wir alle mehr darauf achten.«

Eine Tour durch das »Pomarium Anglicum« ist wie eine Zeitreise, die die Geschichte des Apfels vom antiken Rom bis zu mittelalterlichen Klostergärten beleuchtet.

1 | BERLEPSCH
2 | GALA
3 | BORSDORFER RENETTE
4 | GRAVENSTEINER
5 | ELSTAR
6 | JAKOB LEBEL

Apfelsorten

1 | BERLEPSCH

Saison: Ende September bis Mitte Oktober
Lagerung: Bis Ende März
Genussreife: Anfang Januar bis Ende März
Geschmack: Saftiger Apfel mit viel Säure
Beste Nutzung: Eignet sich als Bratapfel, zum Backen, Dünsten, für Apfelmus aber auch als Tafelapfel
Besonderheit: Der Berlepsch besitzt einen sehr hohen Vitamin-C-Gehalt. Er wurde 1880 in Düsseldorf gezüchtet. Wie viele alte Apfelsorten gilt er als verträglich für Allergiker.

2 | GALA

Saison: Mitte bis Ende September
Lagerung: Bis April
Genussreife: Ab Ernte bis April
Geschmack: Festes, saftiges Fruchtfleisch mit süßlichem Aroma
Beste Nutzung: Typischer Tafelapfel, der durch seinen geringen Säureanteil und seinen süßlichen Geschmack bei Kindern beliebt ist
Besonderheit: Beim Gala gehen die Geschmäcker auseinander. So wird die Apfelsorte in Deutschland hauptsächlich im Süden und Osten gegessen.

3 | BORSDORFER RENETTE

Saison: Oktober
Lagerung: Bis Dezember
Genussreife: Ab Ernte
Geschmack: Festfleischig, süß-säuerlich mit besten Backeigenschaften
Beste Nutzung: Allrounder in der Küche, der sich zum Kochen und Backen eignet
Besonderheit: Die älteste deutsche Apfelsorte; erstmals im Jahr 1175 schriftlich erwähnt und von den Zisterziensern entdeckt

4 | GRAVENSTEINER

Saison: Ende August bis Mitte September
Lagerung: Bis Anfang November
Genussreife: Ab Ernte bis November
Geschmack: Saftiger, sehr aromatischer Apfel mit süß-säuerlichem Geschmack
Beste Nutzung: Feinster Tafelapfel; für Kuchen, Salat, Trockenobst oder Obstsalat geeignet
Besonderheit: Bereits im 17. Jahrhundert wurde der Gravensteiner in Deutschland kultiviert. In den vergangenen Jahren ging seine kommerzielle Bedeutung zurück. Auf Märkten oder in Bioläden ist er häufig zu finden.

5 | ELSTAR

Saison: September
Lagerung: Bis Mai
Genussreife: Ab Ernte
Geschmack: Saftiger Apfel mit einem ausgewogenen Verhältnis von Süße und Säure
Beste Nutzung: Eignet sich zum Backen aber auch für Apfelsaft. Da ihm eine ausgeprägte Säure fehlt, ist er als Zugabe fetthaltiger Speisen nicht so gut geeignet.
Besonderheit: Die niederländische Züchtung aus Golden Delicious und Ingrid Marie ist der meistverkaufte Apfel in Deutschland mit einem Marktanteil von fast 20 Prozent.

6 | JAKOB LEBEL

Saison: Mitte September bis Ende Oktober
Lagerung: Bis Januar möglich
Genussreife: Ab Ernte
Geschmack: Süß-säuerlich, leicht bitter
Beste Nutzung: Eignet sich für Cider, Kuchen, Apfelmus, Rotkohl, Salat oder Apfelcrumble
Besonderheit: Die Sorte wurde 1825 in Frankreich vom Bauern Jacques Lebel entwickelt.

7 | BRAEBURN
Saison: Anfang bis Mitte Oktober
Lagerung: Bis April
Genussreife: Ab Ernte
Geschmack: Fest und knackig mit feinsäuerlich-süßem Aroma
Beste Nutzung: Als Tafelapfel; macht sich aber auch in Salaten gut
Besonderheit: Der neuseeländische Braeburn war der erste zweifarbige Apfel, der es in den Welthandel geschafft hat.

8 | JONAGOLD
Saison: Ende September bis Anfang Oktober
Lagerung: Bis Juni
Genussreife: Ab Ernte
Geschmack: Saftiger, süßer Apfel mit milder Säure; sein Aroma ist blumig.
Beste Nutzung: Eignet sich zum Braten, für Mus, Kompott, Kuchen oder zum Einwecken
Besonderheit: Der Jonagold ist ein recht junger Apfel. Er wurde 1943 in den USA gezüchtet und ist eine Kreuzung aus den Äpfeln Golden Delicious und Jonathan.

9 | GRANNY SMITH
Saison: Mitte Oktober bis Mitte November
Lagerung: Bis Mai
Genussreife: Ab November bis Mai
Geschmack: Säuerliches Aroma
Beste Nutzung: Typischer Tafelapfel; schmeckt auch als Sorbet und Eis oder zu Fisch
Besonderheit: Er hat eine lange Reifephase von 150 Tagen und benötigt ein warmes Klima. Die meisten hier angebotenen Äpfel werden deshalb importiert.

10 | COX ORANGE
Saison: Mitte September bis Oktober
Lagerung: Bis Ende März
Genussreife: Ab Ernte
Geschmack: Kräftig süß-säuerlicher und würziger Geschmack, sehr saftig
Beste Nutzung: Zerfällt nicht beim Kochen; gut geeignet für: Bratapfel, Kuchen, Apfelmus, Crumble und auch als Tafelapfel
Besonderheit: Der Cox Orange ist ursprünglich in England beheimatet. Dort hat er einen Marktanteil von mehr als 50 Prozent. Mittlerweile wird er überall in Europa angebaut.

11 | BOSKOOP
Saison: Ende September bis Mitte Oktober
Lagerung: Bis April
Genussreife: Muss nach der Ernte gelagert werden, um sein Aroma zu entfalten. Daher sollte er erst ab Dezember verwendet werden.
Geschmack: Herbsäuerlich, kräftig fruchtig, erfrischend
Beste Nutzung: Eignet sich sehr gut für Apfelkuchen und Strudel, für die Herstellung von Apfelmus und Kompott, macht sich durch sein säuerliches Aroma aber auch in Saft oder Essig gut und harmoniert mit eher fetthaltigen Produkten; auch als Tafelapfel geeignet
Besonderheit: Die raue Schale macht ihn unverwechselbar. Bei längerer Lagerung wird das vorwiegend feste Fleisch mürbe.

12 | GOLDEN DELICIOUS
Saison: Mitte September bis Mitte Oktober
Lagerung: Bis Juli
Genussreife: Ab Ernte
Geschmack: Süßer Apfel mit wenig Säure
Beste Nutzung: Eignet sich als Tafelapfel, zum Backen, für Apfelmus oder für Saft
Besonderheit: Aus Kreuzungen mit dem Golden Delicious entstanden gleich mehrere bekannte Apfelsorten wie Elstar, Jonagold oder Gala. Er ist die meistangebaute Sorte der Welt. Die Kritik: Er gilt als Negativbeispiel einer industriell betriebenen Landwirtschaft.

7 | BRAEBURN
8 | JONAGOLD
9 | GRANNY SMITH
10 | COX ORANGE
11 | BOSKOOP
12 | GOLDEN DELICIOUS

VORSPEISEN & SNACKS

Grünkohlsalat mit Äpfeln und mariniertem Kürbis

Für 4 Personen
Zubereitung: 30 Minuten

Für den Kürbis
ca. 700 g Butternut-Kürbis
20 g Butter
2 TL Honig
4 EL Olivenöl
4 EL Aceto balsamico bianco
2 TL Dukkah (nordafrikanische Gewürzmischung; alternativ 2 TL Currypulver)
Salz
Pfeffer

Für das Salatdressing
1 Knoblauchzehe
3 EL Tahin (Sesammus)
2 EL Joghurt
2 TL Honig
Salz
Pfeffer

Für den Salat
16 Stiele Grünkohl (ca. 600 g)
2 EL Olivenöl
1 rote Zwiebel
1 Avocado
2 Äpfel (z. B. Jonagold, Gala, Elstar)
50 g Mandeln
1 TL Sesam

Den Kürbis waschen, bei Bedarf schälen und von Kernen und Fasern befreien. In etwa 1 cm dicke Scheiben schneiden, große Stücke halbieren oder dritteln. Die Butter in einer Pfanne zerlassen und den Kürbis 10 Minuten darin anbraten. Vom Herd nehmen und etwas abkühlen lassen.

Inzwischen Honig, Öl, Essig und Dukkah in einer Schüssel zu einer Marinade verrühren, mit Salz und Pfeffer würzen. Die Kürbisscheiben in eine Schale geben und die Marinade darüber verteilen. 20–30 Minuten ziehen lassen.

Den Knoblauch schälen, pressen und gemeinsam mit Tahin, Joghurt, Honig und 2 EL Wasser zu einem Dressing rühren. Mit Salz und Pfeffer abschmecken.

Den Grünkohl waschen, gut abtropfen lassen, dicke Blattrippen herausschneiden und die Blätter in mundgerechte Stücke zupfen. In einer Schüssel mit dem Olivenöl mischen und mit den Händen 2–3 Minuten kneten, bis sich der Kohl geschmeidig anfühlt.

Die Zwiebel schälen und in feine Ringe schneiden. Die Avocado entkernen und würfeln, die Äpfel waschen, entkernen und in Scheiben oder Würfel schneiden. Die Mandeln grob hacken. Alles mit dem Dressing zum Grünkohl geben und gut durchmischen. Zum Schluss den Kürbis dazugeben und den Salat mit Sesam bestreuen.

Salat mit Apfel, Ziegenkäseböllchen und Honig-Senf-Vinaigrette

Für 4 Personen
Zubereitung: 25 Minuten

Für die Honig-Senf-Vinaigrette
1 Schalotte
4 EL Olivenöl
6 EL Aceto balsamico bianco
1½ EL Honig
2 EL Senf
Salz
Pfeffer

Für den Salat
1½–2 Äpfel (z. B. Gravensteiner, Jakob Lebel, Jonagold)
1–1½ gegarte Rote Bete
400 g gemischter Blattsalat
1 Handvoll Sprossen
3 EL Sesam
3 EL Chiasamen
12 Ziegenfrischkäsetaler

Für die Vinaigrette die Schalotte schälen und fein hacken. Das Öl in einem kleinen Topf erhitzen und die Schalotte darin glasig andünsten. Mit Balsamico ablöschen, vom Herd nehmen und abkühlen lassen. Honig und Senf unterrühren und mit Salz und Pfeffer abschmecken.

Für den Salat die Äpfel waschen, vierteln und entkernen. In Scheiben schneiden. Die Rote Bete im Waschbecken abtropfen lassen und ebenfalls in Scheiben schneiden. Salat und Sprossen waschen und trocken schleudern.

Sesam und Chiasamen jeweils in eine kleine Schüssel füllen. Die Frischkäsetaler mit den Händen zu 12 Kugeln formen und in Sesam und Chiasamen wälzen. Den Salat mit der Vinaigrette mischen und mit Apfelscheiben, Roter Bete, Sprossen und Ziegenkäsebällchen auf Tellern anrichten.

Bulgur ist eine der Hauptzutaten der Levanteküche und wird dort traditionell mit Petersilie, Minze und Tomaten als Taboulé zubereitet. Wir servieren unseren Bulgursalat mit Gurke, Feta, Mandeln und süß-säuerlichen Äpfeln.

Apfel-Bulgur-Salat mit frischen Kräutern und Feta

Für 4 Personen
Zubereitung: 25 Minuten

Für den Salat
240 g Bulgur
360 ml Gemüsebrühe
2 mittelgroße süß-säuerliche Äpfel (z. B. Gravensteiner, Borsdorfer Renette, Jonagold)
1 kleine Gurke
1 kleines Bund Koriandergrün
1 kleines Bund glatte Petersilie
2 Stängel Minze
50 g Mandelkerne
150 g Feta

Für das Dressing
½ TL Fenchelsamen
1 Bio-Zitrone
3 EL Olivenöl
1 EL Essig
40 ml Apfelsaft
½ TL Kreuzkümmel
½ EL Honig (nach Belieben)
Salz
Pfeffer

Den Bulgur in ein Sieb geben und waschen, bis das austretende Wasser klar ist. In einen Topf füllen und mit der Brühe aufkochen, 7 Minuten bei geschlossenem Deckel quellen lassen. Abkühlen lassen, dabei mehrmals durchrühren.

Die Äpfel waschen und entkernen, die Gurke schälen. Beides würfeln. Die Kräuter waschen und trocken schütteln, Minzeblättchen abzupfen. Alles grob hacken. Die Mandelkerne ebenfalls grob hacken. Den Feta mit einer Gabel zerdrücken.

Für das Dressing die Fenchelsamen in einem Mörser zerstoßen. Die Zitrone waschen und abtrocknen. Die Schale abreiben und den Saft auspressen. Abrieb und Saft in eine Schüssel geben. Öl, Essig, Apfelsaft, Kreuzkümmel und nach Belieben Honig dazugeben und mit Salz und Pfeffer abschmecken.

Den abgekühlten Bulgur in einer großen Schüssel mit Kräutern, Äpfeln, Gurke und dem Dressing gut mischen. Durchziehen lassen und bei Bedarf noch einmal mit Salz und Pfeffer abschmecken. Vor dem Servieren den Feta dazugeben und mit den Mandeln bestreuen.

In Bayern gehört mit Essig und Öl angemachter Rettichsalat auf jede Brotzeitplatte. Wir verfeinern den Klassiker mit knackigen Jakob-Lebel-Äpfeln, die sich durch ihren süß-säuerlichen, leicht bitteren Geschmack sehr gut in Salaten machen.

Apfel-Rettich-Salat

Für 4 Personen
Zubereitung: 15 Minuten
Ruhen: 1 Stunde

Für den Salat
500 g Rettich
200 g Radieschen (ca. 8 Stück)
1 Bund Schnittlauch
1 Bund Dill
8 EL Aceto balsamico bianco
10 EL Sonnenblumenöl
1 TL Kümmelsamen
2 TL Zucker
1 mittelgroßer Apfel (z. B. Jakob Lebel, Granny Smith)
Salz
Pfeffer

Den Rettich schälen, die Enden abschneiden. Den Rettich in feine Scheiben hobeln. Die Radieschen waschen, putzen und mit einem scharfen Messer in dünne Scheiben schneiden. Schnittlauch und Dill ebenfalls waschen, trocken schütteln und fein hacken.

Nach und nach Balsamico, Öl, Kümmel und Zucker über den Salat geben und mit einer Ga-bel gut untermischen. Anschließend den Salat mindestens 1 Stunde durchziehen lassen. Den Apfel waschen, vierteln und entkernen. In dünne Scheiben schneiden und unter den Salat mischen. Mit Salz und Pfeffer abschmecken.

Flammkuchen gehören für Flo und mich zu unseren absoluten Favoriten. Ihr Belag lässt sich je nach Geschmack variieren und sie sind schnell zubereitet. Unser Liebling: Krosser Sauerteig-Flammkuchen mit Apfel-Crème-fraîche, Parmaschinken und Roquefort. Bereiten Sie den Teig bereits am Vortag zu und lassen Sie ihn über Nacht im Kühlschrank ruhen. So erhält er ein noch kräftigeres Aroma.

Flammkuchen mit Apfel-Crème-fraîche, Parmaschinken und Roquefort

Für 4 Personen
Zubereitung: 30 Minuten
Ruhen: 12 Stunden

Für den Flammkuchen
150 g Dinkelmehl (Type 630)
½ TL Salz
1 TL Zucker
25 g Natursauerteig (erhältlich in gut sortierten Supermärkten oder im Bioladen)
1 EL Öl

Für den Belag
50 g Rucola
2 süß-säuerliche Äpfel (z. B. Berlepsch)
1 Frühlingszwiebel
200 g Crème fraîche
50 g Joghurt
Salz
Pfeffer
1 rote Zwiebel
25 g Walnusskerne
80 g Parmaschinken
100 g Roquefort
Olivenöl zum Beträufeln

Für den Teig Mehl, Salz und Zucker mischen. Sauerteigstarter, Öl und ca. 75 ml lauwarmes Wasser dazugeben und alles in 10 Minuten zu einem geschmeidigen Teig verkneten. Sollte der Teig zu klebrig sein, nach und nach noch etwas Mehl dazugeben. Mindestens 30 Minuten (idealerweise über Nacht) in einer Schüssel unter einem feuchten Tuch ruhen lassen.

Den Backofen auf 270 °C (ideal: Pizzastufe) vorheizen. Einen Backstein oder ein umgedrehtes Backblech in den Ofen (unten) schieben.

Rucola und Äpfel waschen. Die Frühlingszwiebel putzen und in feine Ringe schneiden. Einen Apfel fein würfeln und mit Crème fraîche, Joghurt und Frühlingszwiebel mischen. Mit Salz und Pfeffer abschmecken.

Die Zwiebel in feine Halbringe schneiden, die Walnüsse grob hacken. Den zweiten Apfel in Ringe schneiden. Parmaschinken und Roquefort bereitstellen.

Den Flammkuchenteig vierteln und auf einer bemehlten Arbeitsfläche dünn ausrollen. Die Fladen nacheinander auf einen ebenfalls bemehlten Pizzaschieber oder ein bemehltes Brett legen, mit Crème fraîche bestreichen und mit Apfelscheiben und Zwiebelringen belegen. Auf den heißen Pizzastein oder das umgedrehte Backblech schieben und in 5–10 Minuten goldbraun backen.

Mit Rucola, Roquefort, Walnüssen und Parmaschinken belegen und nach Belieben mit etwas Olivenöl beträufeln.

Langweiliges Sandwich war gestern. Wir verleihen dem Mittagspausen-Klassiker einen modernen Touch – und das mit wenigen Zutaten.

Räucherforellen-Sandwich mit Apfelmeerrettich

Für 4 Personen
Zubereitung: 15 Minuten

Für den Meerrettich
1 Apfel (Granny Smith)
60 g Schlagsahne
50 g frischer Meerrettich
Salz

Für das Sandwich
40 g Rucola
250 g geräucherte Forellenfilets
4 Stücke Roggenbaguette oder 4 Scheiben Roggenbrot

Den Apfel waschen, vierteln und entkernen. Den Meerrettich schälen und fein reiben. Die Schlagsahne steif schlagen. Die Hälfte des Apfels reiben und mit dem Meerrettich unter die Schlagsahne heben. Mit etwas Salz abschmecken.

Den restlichen Apfel in dünne Scheiben schneiden. Den Rucola waschen und trocken schütteln.

Das Baguette oder Brot halbieren und toasten. Die untere Seite mit dem Meerrettich bestreichen und nach Belieben mit Forelle, Apfelscheiben und Rucola belegen. Deckel auflegen und genießen.

Die Rindfleisch-Spezialität Pastrami soll Ende des 19. Jahrhunderts von jüdischen Einwanderern in die USA gebracht worden sein. Durch die spezielle Zubereitung, Pökeln und Räuchern, ist das Fleisch besonders zart – und schmeckt in Kombination mit Käse, Apfel-Rotkraut und Apfel-Mayo einfach herrlich.

Pastrami-Sandwiches mit Apfel-Mayo und Rotkraut

Für 4 Personen
Zubereitung: 20 Minuten

Für das Rotkraut
ca. 100 g Rotkohl
2 Prisen Zucker
1 Prise Salz
1 süß-säuerlicher Apfel (z. B. Gravensteiner, Cox Orange, Berlepsch)

Für die Apfel-Mayo
1 Eigelb (Größe M)
100 ml neutrales Pflanzenöl (z. B. Sonnenblumen- oder Rapsöl)
1 TL Senf
½ TL Aceto balsamico bianco (oder Apfelessig)
Salz
Pfeffer

Für das Sandwich
4 bzw. 8 Scheiben Roggenbrot (je nach Größe)
80 g Gruyère, gehobelt
200 g Pastrami
4 TL Apfelbutter (nach Belieben; siehe Seite 166)

Den Rotkohl in dünne Streifen schneiden. Mit Zucker und Salz in eine Schüssel geben und mit den Händen kurz durchkneten. Den Apfel halbieren und entkernen. Eine Hälfte würfeln und zum Rotkohl geben. Die zweite Hälfte beiseitelegen. Alles gut vermengen und durchziehen lassen.

Für die Apfel-Mayo Eigelb und Öl vor Verwendung auf Zimmertemperatur bringen, da sie sonst nicht emulgieren. In einer Schüssel Eigelb, Senf und Balsamico mit einem Schneebesen verquirlen. Das Öl unter ständigem Rühren in einem dünnen Strahl einfließen lassen und so lange weiterrühren, bis die Masse cremig-fest ist. Den restlichen Apfel reiben, zur Mayo geben und alles mit Salz und Pfeffer abschmecken.

Die Brotscheiben in einer Grillpfanne oder einem Sandwichtoaster knusprig rösten. Große Scheiben halbieren. Die Pastrami in einer Pfanne von beiden Seiten erwärmen, zusammenschieben und mit dem Käse belegen. So lange in der Pfanne lassen, bis der Käse geschmolzen ist. Die Hälfte der Brotscheiben mit Mayo bestreichen und mit Rotkraut und Pastrami belegen. Nach Belieben Apfelbutter darauf verteilen und mit den restlichen Brotscheiben bedecken.

Eine wärmende Suppe, die im Herbst und Winter guttut. Das in Kurkuma enthaltene Curcumin wirkt entzündungshemmend und antioxidativ. Der Apfel verleiht der Suppe eine säuerliche und frische Note.

Karotten-Apfel-Suppe mit Kurkuma und Apfel-Walnuss-Topping

Für 4 Personen
Zubereitung: 35 Minuten

Für die Suppe
700 g Karotten
1 Zwiebel
1 Apfel (z. B. Boskoop)
1 Knoblauchzehe
25 g Ingwer
2 EL Olivenöl
1½ TL gemahlene Kurkuma
1 l Gemüsebrühe
150 g Schlagsahne
Salz
Pfeffer

Für das Apfel-Walnuss-Topping
80 g Walnusskerne
1 Apfel (z. B. Boskoop)
2 EL Butter
3 EL Ahornsirup
feines Meersalz
1½ TL Thymianblättchen
Walnussöl zum Beträufeln
Erbsen- oder Rote-Bete-Sprossen (nach Belieben)

Für die Suppe Karotten und Zwiebel schälen, die Karotten in Stücke und die Zwiebel in Würfel schneiden. Den Apfel schälen, vierteln, entkernen und grob zerteilen. Knoblauch und Ingwer schälen und klein hacken.

Das Öl in einem Topf erhitzen. Die Zwiebel darin glasig andünsten. Karotten und Äpfel dazugeben und 2–3 Minuten mitbraten. Knoblauch, Ingwer und Kurkuma dazugeben und kurz mitbraten. Mit der Gemüsebrühe ablöschen und 20–25 Minuten bei mittlerer Hitze köcheln lassen, bis die Karotten weich sind. Den Topf vom Herd nehmen, die Schlagsahne angießen und die Suppe pürieren. Mit Salz und Pfeffer abschmecken. Warm halten.

Für das Apfel-Walnuss-Topping die Nüsse grob hacken. Den Apfel waschen, trocken reiben, vierteln, entkernen und in grobe Würfel schneiden. Die Butter in einer Pfanne zerlassen. Äpfel und Nüsse darin etwa 2 Minuten andünsten. Den Ahornsirup dazugeben und karamellisieren lassen. Mit 1 Prise Meersalz und den Thymianblättchen würzen. Vom Herd nehmen.

Zum Anrichten die Karotten-Apfel-Suppe erhitzen, mit dem Stabmixer kurz aufschäumen und in tiefe Teller oder Schalen füllen. Mit dem Apfel-Nuss-Topping dekorieren und mit etwas Walnussöl beträufeln. Wer mag, kann die Suppe noch mit ein paar Blättchen Erbsen- oder Rote-Bete-Sprossen garnieren.

Tipp: Wer die Suppe gerne vegan zubereiten möchte, ersetzt Butter durch Öl und Schlagsahne durch Kokosmilch, Hafer- oder Sojasahne.

Kartoffel-Lauch-Suppe ist ein wärmender Klassiker für Herbst und Winter. Der Apfel verleiht der würzigen Suppe dabei eine feine fruchtige Note.

Apfel-Lauch-Suppe

Für 4 Personen
Zubereitung: 30 Minuten

Für die Suppe
100 g geräucherter Bauchspeck
150 g mehligkochende Kartoffeln
1 Knoblauchzehe
800 g Lauch
1 süß-säuerlicher Apfel (z. B. Boskoop)
30 g Butter
700 ml Gemüsebrühe
100 g Schlagsahne
Salz
Pfeffer
frisch geriebene Muskatnuss

Für das Topping
2 EL Öl
3–4 Apfelchips (siehe Seite 170)

Für die Suppe den Speck grob würfeln. Die Kartoffeln schälen und in Würfel schneiden. Den Knoblauch ebenfalls schälen und fein hacken. Den Lauch putzen und in Ringe schneiden. 50 g Lauchringe für die Dekoration beiseitestellen. Den Apfel schälen, entkernen und würfeln.

Die Butter in einem Topf zerlassen und den Speck darin knusprig braten. Aus dem Topf nehmen und beiseitestellen. Lauch, Knoblauch und Kartoffeln in den Topf geben, kurz anbraten, mit der Gemüsebrühe ablöschen und so lange köcheln, bis die Kartoffeln weich sind. Die Apfelwürfel dazugeben und kurz mitköcheln lassen. Die Suppe pürieren, mit der Schlagsahne verfeinern und mit Salz, Pfeffer und Muskat abschmecken.

Das Öl in einer Pfanne erhitzen. Den beiseitegestellten Lauch darin unter gelegentlichem Rühren in etwa 5 Minuten knusprig braten. Die Suppe in tiefen Tellern oder Schüsseln anrichten und Lauch, Speck und Apfelchips darauf verteilen.

Ricotta-Apfel-Piroggen mit mediterraner Speckbutter

Für 4 Personen
Zubereitung: 45–50 Minuten
Ruhen: 30 Minuten

Für den Teig
250 g Dinkelmehl (Type 630)
1 Ei (Größe M)
1 TL Öl
1 TL Salz

Für die Füllung
1 säuerlicher Apfel (z. B. Cox Orange, Finkenwerder Herbstprinz, Boskoop)
etwas Zitronensaft zum Beträufeln
200 g Ricotta
20 g Rucola
50 g Walnusskerne, plus etwas mehr für die Deko
Salz
Pfeffer

Für die Speckbutter
120 g geräucherter Bauchspeck
100 g Butter
4 Zweige Thymian, plus etwas mehr für die Deko
4 Zweige Rosmarin, plus etwas mehr für die Deko
Salz
Pfeffer

Für den Teig das Mehl in eine Schüssel sieben. Das Ei verquirlen und zusammen mit Öl, Salz und 100 ml warmem Wasser zum Mehl geben. In mindestens 10 Minuten zu einem glatten, geschmeidigen Teig verkneten. Zur Kugel formen, in Frischhaltefolie wickeln und etwa 30 Minuten bei Zimmertemperatur ruhen lassen.

Inzwischen die Füllung zubereiten. Dazu den Apfel waschen und entkernen. Eine Hälfte fein würfeln, mit Zitronensaft beträufeln und für später aufbewahren. Die andere Hälfte fein reiben und mit dem Ricotta verrühren. Den Rucola waschen, trocken schütteln und grob hacken. Die Walnüsse ebenfalls grob hacken und zusammen mit dem Rucola zur Ricotta-Apfel-Füllung geben. Mit Salz und Pfeffer abschmecken.

Einen Topf mit Salzwasser zum Kochen bringen. Den Teig portionsweise auf einer bemehlten Arbeitsfläche etwa 2–4 mm dick ausrollen und mit einem runden Gegenstand (etwa 10 cm Durchmesser) Kreise ausstechen. 1 TL Füllung mittig auf jedes Teigstück geben, die Ränder mit etwas Wasser befeuchten und die Teigstücke zusammenklappen. Die Ränder mit einer Gabel vorsichtig zusammendrücken. Fertig geformte Piroggen bis zur Verwendung mit einem Tuch abdecken. Die Teigtaschen nach und nach etwa 2–3 Minuten im Salzwasser köcheln lassen, bis sie aufsteigen. Mit einer Schöpfkelle aus dem Topf nehmen und in einem Sieb abtropfen lassen.

Den Speck in etwa 5 mm breite Streifen schneiden. Die Butter in einer Pfanne zerlassen, Speck, Thymian und Rosmarin dazugeben. Mit Salz und Pfeffer abschmecken und die Piroggen darin 5 Minuten anbraten. Darauf achten, dass die Teigtaschen beim Anbraten nicht zu sehr überlappen. Mit 3 EL Nudelwasser ablöschen.

Die Piroggen in tiefen Tellern anrichten und mit gehackten Walnusskernen, den Apfelwürfeln und Kräutern garnieren.

Wir lieben Teigtaschen in sämtlichen Variationen. Kein Wunder also, dass wir auch an Piroggen Gefallen gefunden haben. Die kleinen Teigtaschen aus Osteuropa, die aus Nudel-, Hefe- oder Blätterteig hergestellt werden, lassen sich sowohl süß als auch herzhaft füllen. Bei unserer Variante trifft eine cremige Apfel-Ricotta-Füllung auf mediterrane Speckbutter.

Der Winter- und Weihnachtsklassiker Bratapfel schmeckt auch als herzhafte Variante toll. Wir kombinieren fruchtige Äpfel mit salzigem Speck und Feta. Ein Topping aus knusprigen Bröseln und Granatapfelkernen sorgt für leckeren Crunch.

Bratäpfel mit Feta-Speck-Füllung

Für 4 Personen
Zubereitung: 30 Minuten
Backen: 40 Minuten

Für die Bratäpfel
4 Äpfel à ca. 200 g (z. B. Cox Orange, Boskoop, Elstar)
70 g geräucherter Bauchspeck
100 g Feta
35 g Walnusskerne
Salz
Pfeffer
1 Prise gemahlener Zimt
1 Prise gemahlener Anis
4 Zweige Thymian

Für das Topping
½ Granatapfel
30 g Butter
30 g Zucker
35 g Rosinen
50 g Semmelbrösel

Die Äpfel waschen und trocken reiben. Die Deckel abschneiden und beiseitelegen. Die Äpfel mithilfe eines Teelöffels großzügig aushöhlen. Den Backofen auf 175 °C Umluft vorheizen.

Für die Füllung Speck, Feta und Walnüsse grob hacken und in einer Schüssel vermengen. Mit Salz, Pfeffer, Zimt und Anis abschmecken. Die vorbereiteten Äpfel füllen, jeweils mit einem Zweig Thymian belegen und nebeneinander in eine ofenfeste Auflaufform setzen. Im Ofen (unten) 35–40 Minuten backen. Nach etwa 20 Minuten die Deckel auflegen und mitbacken. Währenddessen den Granatapfel entkernen.

Für das Topping die Butter in einer Pfanne zerlassen. Zucker, Rosinen und Semmelbrösel dazugeben und unter ständigem Rühren goldbraun anbraten. Vom Herd nehmen.

Die fertigen Bratäpfel mit Bröseln und Granatapfelkernen anrichten und servieren.

Apfel-Carpaccio mit gratiniertem Fenchel und Granatapfelvinaigrette

Für 4 Personen
Zubereitung: 20 Minuten
Backen: 20 Minuten

Für den Fenchel
1 Fenchelknolle
1 Prise Anissamen
2 EL Olivenöl
1 EL Aceto balsamico bianco
Saft von ¼ Zitrone
1 Prise Zucker
20 g Parmesan, geraspelt, plus mehr zum Anrichten

Für die Vinaigrette
½ Granatapfel
2 EL Joghurt
1 TL Apfelessig
1 EL Olivenöl
1 TL Honig
Salz
Pfeffer

Für das Carpaccio
2–3 süßliche Äpfel (z. B. Jonagold, Elstar, Gala)
Saft von ½ Zitrone
80–100 g Feldsalat
1 Frühlingszwiebel
Kapuzinerkresse-Sprossen (nach Belieben)
1 Scheibe Brot nach Wahl
½ EL Butter

Den Backofen auf 200 °C vorheizen. Den Fenchel waschen, putzen, den Strunk entfernen und den Fenchel in etwa 1 cm dicke Scheiben schneiden. Anis, Öl, Balsamico, Zitronensaft und Zucker in einer kleinen Schüssel verrühren. Die Fenchelscheiben in eine ofenfeste Form geben, mit der Marinade übergießen und mit dem Parmesan bestreuen. Im Ofen (Mitte) etwa 20 Minuten backen.

Für die Vinaigrette den Granatapfel entkernen und den austretenden Saft auffangen. Joghurt, Essig, Öl, Honig und Granatapfelsaft in einer Schüssel verrühren. Mit Salz und Pfeffer abschmecken.

Die Äpfel waschen und in dünne Scheiben schneiden oder hobeln. Mit Zitronensaft beträufeln, damit sie nicht braun werden. Den Feldsalat waschen, trocken schütteln und mit der Vinaigrette mischen. Die Frühlingszwiebel putzen und in feine Ringe schneiden. Nach Belieben Sprossen waschen und trocken schütteln.

Das Brot in Würfel schneiden. Die Butter in einer Pfanne zerlassen und die Brotwürfel darin zu goldbraunen Croûtons braten.

Die Apfelscheiben auf Tellern anrichten, mit Fenchelscheiben, Feldsalat, Granatapfelkernen, Frühlingszwiebeln und nach Belieben Sprossen belegen. Mit übrig gebliebener Vinaigrette beträufeln und mit Croûtons und gehobeltem Parmesan garnieren.

Tortillas mit Pulled Chicken in Apfel-Tomaten-Sauce

Für 4 Personen
Zubereitung: 50 Minuten

Für das Pulled Chicken
1 Zwiebel
1 großer süßer Apfel (z. B. Golden Delicious, Elstar)
1 Knoblauchzehe
250 g Hähnchenbrust
150 ml Cidre
4 EL Aceto balsamico bianco
2 EL Öl
½ TL Salz
½ TL Pfeffer
½ TL gemahlener Ingwer
½ TL gemahlener Zimt
1 TL Paprikapulver geräuchert
1 EL Tomatenmark
75 ml passierte Tomaten (aus der Dose)
1 EL Ahornsirup
Chiliflocken (nach Belieben)

Für die Tortillas
1 Avocado
1 großer süßer Apfel (z. B. Golden Delicious, Elstar)
8 Radieschen
6–8 Pimientos de Padron
½ Bund Petersilie
½ Bund Koriandergrün
2 Limetten
8 Weizentortillas (Ø ca. 20 cm)

Die Zwiebel schälen und fein hacken. Den Apfel schälen, entkernen und grob würfeln. Den Knoblauch schälen. Die Hähnchenbrust waschen und trocken tupfen.

Die Apfelstücke gemeinsam mit der Hähnchenbrust, dem Knoblauch, dem Cidre und dem Balsamico in einem Topf aufkochen und zugedeckt etwa 15 Minuten köcheln lassen.

Inzwischen das Öl in einem Topf erhitzen und die Zwiebel darin glasig andünsten. Salz, Pfeffer, Ingwer, Zimt, Paprikapulver und Tomatenmark dazugeben und etwa 5 Minuten braten. Passierte Tomaten und Ahornsirup angießen.

Die Hähnchenbrust aus dem Topf nehmen und die Cider-Balsamico-Mischung in den Topf mit den passierten Tomaten gießen. Die Sauce gründlich durchpürieren und nach Belieben mit Chiliflocken würzen. Die gekochte Hähnchenbrust mit einer Gabel zerrupfen und mit der Sauce vermengen. Für die Tortillas die Avocado halbieren, den Stein entfernen und das Fruchtfleisch aus der Schale löffeln. In Scheiben oder Würfel schneiden. Den Apfel waschen, entkernen und würfeln. Radieschen und Pimientos waschen und in dünne Scheiben schneiden. Die Kräuter ebenfalls waschen, trocken schütteln und grob hacken. Die Limetten achteln. Die Tortillas in einer Pfanne oder im Backofen erwärmen. Nach Belieben mit Pulled Chicken, Avocado, Apfelwürfeln, Radieschen, Kräutern und Pimientos belegen. Vor dem Servieren mit Limettensaft beträufeln.

HAUPTGERICHTE

Äpfel und Schweinefleisch sind eine großartige Kombination. Gemeinsam in einer Pfanne geschmort, ergibt sich aus den beiden Zutaten ein leckeres Herbstgericht, das wenig Aufmerksamkeit und wenig Zutaten benötigt. Wer keine Apfelbutter zur Hand hat, kann stattdessen die im Rezept verwendeten Äpfel mit etwas braunem Zucker, einer Prise Zimt und Butter karamellisieren und zum Fleisch servieren.

Schweinekoteletts mit Apfelbutter

Für 4 Personen
Zubereitung: 25 Minuten

Für die Koteletts
4 Schweinekoteletts (à 250 g)
Salz
4 Zweige Thymian
4 Zweige Rosmarin
4 große Salbeiblätter
2 Knoblauchzehen
2 Äpfel (z. B. Jakob Lebel, Borsdorfer Renette, Elstar)
2 EL Öl
50 g Butter
4 TL Apfelbutter (siehe Seite 166)
Pfeffer

Die Schweinekoteletts waschen, trocken tupfen und von allen Seiten salzen.

Die Kräuter waschen, trocken schütteln und nach Belieben mit einem Küchengarn zu einem Bündel zusammenknoten. Den Knoblauch schälen und mit der flachen Seite eines Messers andrücken. Die Äpfel waschen, entkernen und achteln.

Das Öl in einer Pfanne erhitzen, die Koteletts hinzugeben und 1–2 Minuten darin anbraten. Kräuter und Knoblauch dazugeben, die Koteletts wenden und erneut 1–2 Minuten anbraten, bis sie Farbe annehmen. Die Koteletts aus der Pfanne nehmen und beiseitestellen.

Die Temperatur auf mittlere Hitze reduzieren und die Butter in der Pfanne zerlassen. Die Äpfel dazugeben und 1–2 Minuten unter gelegentlichem Wenden anbraten.

Die Koteletts von beiden Seiten mit Apfelbutter bestreichen. Etwas Platz in der Pfanne schaffen und die Koteletts dazugeben. Etwa 2–3 Minuten weiteranbraten, bis die Apfelbutter auf dem Fleisch leicht karamellisiert. Zwischendurch immer wieder etwas warme Butter mit einem Löffel über die Koteletts träufeln. Den Pfanneninhalt mit Salz und Pfeffer abschmecken.

Die Koteletts aus der Pfanne nehmen, in Alufolie wickeln und 5 Minuten ruhen lassen. Der ideale Garpunkt (medium rare) liegt bei 57 °C, die Koteletts dafür bei 54 °C aus der Pfanne nehmen. Zusammen mit den Äpfeln und nach Belieben mit einem kleinen gemischten Salat servieren.

Wildschwein-Burger mit Radicchio und Apfelchutney

Für 4 Personen
Zubereitung: 35 Minuten

Für die Burgerpatties
600 g Wildschweinnacken
200 g Schweinebauch
1 TL Worcestersauce
1 EL Senf
1 EL Preiselbeerkonfitüre
Salz
Pfeffer
3 EL Öl

Für den Radicchio
150 g Radicchio
2 EL Aceto balsamico bianco
3 EL Olivenöl
1 TL Zucker
Salz
Pfeffer
1 kleiner Apfel

Für Sauce und Burger
1 kleine rote Zwiebel
2 Essiggurken
2 EL Senf
1 EL Preiselbeerkonfitüre
ca. 100 g Bergkäse in Scheiben
4 Burgerbuns
4 EL Apfelchutney (siehe Seite 172)

Besondere Küchengeräte
Fleischwolf

Wildschweinfleisch und Schweinebauch grob würfeln und mit einem Fleischwolf zu Hackfleisch verarbeiten. Mit Worcestersauce, Senf, Preiselbeerkonfitüre, Salz und Pfeffer würzen, mit den Händen gründlich verkneten und 10 Minuten ruhen lassen.

Inzwischen den Radicchio putzen, hobeln und mit Balsamico, Olivenöl, Zucker, Salz und Pfeffer marinieren. Den Apfel waschen und zum Radicchio reiben. Den Salat mit den Händen gründlich kneten. Dann beiseitestellen.

Die Zwiebel schälen. Zwiebel und Essiggurken möglichst fein hacken und mit Senf und Preiselbeerkonfitüre zu einer Sauce verrühren.

Das Fleisch in vier gleich große Portionen teilen und zu Patties formen. Das Öl in einer Pfanne erhitzen und die Patties darin scharf anbraten. Das Fleisch umdrehen und mit je einer Scheibe Käse belegen. Das Fleisch sollte durchgebraten werden, dazu je nach Dicke 3–5 Minuten auf jeder Seite garen.

Die Burgerbuns auftoasten oder in einer Pfanne anrösten. Die unteren Seiten mit Senfsauce bestreichen, mit Patty und Radicchio belegen. Die Deckel mit je 1 EL Apfelchutney bestreichen und aufs Fleisch setzen.

Wildschweinfleisch in Kombination mit würzigem Apfelchutney, mariniertem Radicchio und Senfsauce machen diese Burger zu etwas ganz Besonderem. Statt Chutney schmeckt dazu auch unsere Tomaten-Apfel-Konfitüre (siehe Seite 183) als süße Komponente.

Kalbsfilet an Apfel-Sellerie-Püree und Portweinreduktion

Für 4 Personen
Zubereitung: 45 Minuten

Für Filet und Portweinreduktion
800 g Kalbsfilet
8 Zweige Thymian
8 Salbeiblätter
1 Schalotte
2 Knoblauchzehen
1 Apfel (Cox Orange)
40 g Butter
100 ml Portwein
1 TL Speisestärke (nach Belieben)
Salz
Pfeffer

Für das Püree
800 g Knollensellerie
3 Äpfel (Cox Orange)
2 Knoblauchzehen
140 g Butter
1 l Gemüsebrühe
4 Lorbeerblätter
4 Wacholderbeeren
100 ml Milch
frisch geriebene Muskatnuss
Salz
Pfeffer

Das Kalbsfilet in 5 cm dicke Medaillons schneiden. Mit Backgarn um jedes Filetstück je zwei Zweige Thymian und zwei Salbeiblätter binden. Das Filet ruhen lassen.

Für das Püree Sellerie, Äpfel und Knoblauch schälen. Die Äpfel entkernen, zwei davon in Spalten schneiden, den übrigen Apfel reiben. Den Sellerie grob würfeln, den Knoblauch leicht andrücken. 40 g Butter in einem Topf zerlassen, Sellerie, Apfelspalten und Knoblauch darin bei mittlerer Hitze von allen Seiten anbraten. Mit der Brühe ablöschen. Lorbeer und Wacholderbeeren dazugeben und zugedeckt 15–20 Minuten köcheln lassen, bis der Sellerie weich ist.

Die Brühe durch ein Sieb in eine Schüssel abgießen, beiseitestellen. Restliche Butter (100 g) sowie Milch zum Sellerie geben und alles fein pürieren. Den geriebenen Apfel dazugeben und mit 1 Prise Muskat, Salz und Pfeffer abschmecken.

Für Filet und Rotweinreduktion die Schalotte schälen und fein hacken. Den Knoblauch schälen.

Die Butter in einer Pfanne zerlassen und die Medaillons darin von jeder Seite 3–4 Minuten scharf anbraten. Nach der Hälfte der Garzeit die Knoblauchzehen dazugeben. Die Filets immer wieder mit der heißen Butter übergießen. Medium rare sind die Kalbfilets bei einer Kerntemperatur von 60 °C. Die Kalbsmedaillons aus der Pfanne nehmen, in Alufolie wickeln und etwa 8 Minuten ruhen lassen.

Inzwischen die Schalotte in die heiße Pfanne geben und mit 100 ml Portwein und 100 ml der aufgefangenen Gemüsebrühe ablöschen. Den Apfel waschen, entkernen und in Spalten schneiden. Die Apfelspalten zur Sauce geben. Die Sauce einkochen lassen und nach Belieben mit der Speisestärke andicken. Mit Salz und Pfeffer abschmecken. Die Filets mit Püree, Apfelspalten und Sauce servieren.

In diesem Rezept kommt der Apfel gleich doppelt zum Einsatz: Er verleiht nicht nur der Mayonnaise einen fruchtig-säuerlichen Geschmack, sondern macht sich auch in der abgewandelten Form des amerikanischen Krautsalats Coleslaw gut. Unser Apfel-Fenchel-Slaw schmeckt dank seiner süßen, sauren und herzhaften Aromen besonders gut als Beilage zu Fleisch oder Fisch.

Knusperhähnchen mit Apfel-Fenchel-Slaw und Apfel-Mayo

Für 4 Personen
Zubereitung: 30 Minuten

Für die Mayonnaise
1 Eigelb (Größe M), Zimmertemperatur
1 TL Senf
½ TL Aceto balsamico oder Weißweinessig
100 ml neutrales Öl
½ Apfel (Granny Smith)
Salz
Pfeffer

Für den Apfel-Fenchel-Slaw
1 Fenchelknolle
1 Apfel (Granny Smith)
1 Schalotte
½ TL Anissamen
Salz
Pfeffer
½ Bund Schnittlauch

Für das Knusperhuhn
500 g Hähnchenbrustfilet
200 g Cornflakes
4 EL Mehl
3 Eier (Größe M)
Pflanzenöl zum Braten

Für die Mayo Eigelb, Senf und Balsamico mit einem Schneebesen verquirlen. Das Öl unter ständigem Rühren in einem dünnen Strahl einfließen lassen und so lange weiterrühren, bis die Masse cremig-fest ist. Den Apfel waschen und entkernen. Fein reiben und unter die Mayo rühren. Mit Salz und Pfeffer würzen.

Für den Apfel-Fenchel-Slaw den Fenchel waschen, das Fenchelgrün abschneiden, beiseitelegen und nach Belieben später zum Garnieren verwenden. Die Fenchelknolle halbieren und den Strunk entfernen. Die Knolle in feine Scheiben schneiden oder hobeln. Den Apfel waschen, entkernen und in feine Streifen schneiden. Die Schalotte schälen und in feine Ringe schneiden. Alles in eine Schüssel geben, mit drei Vierteln der Mayo vermengen und mit Anis, Salz und Pfeffer abschmecken. Den Schnittlauch waschen, trocken schütteln und in feine Ringe schneiden. Unter den Salat mengen.

Für das Knusperhähnchen das Fleisch abbrausen und trocken tupfen. Die Hähnchenfilets in mundgerechte Stücke schneiden. Die Cornflakes in eine Schüssel füllen und mit den Fingern zerbröseln. Die Eier ebenfalls in eine Schüssel geben und verquirlen. Das Fleisch zum Panieren erst in Mehl wenden, dann durch das verschlagene Ei ziehen und abschließend in den Cornflakesbröseln wälzen. Die Panade vorsichtig mit den Fingern andrücken.

Die Nuggets in mehreren Portionen in reichlich heißem Öl (das Öl sollte zwischen 0,5 cm und 1 cm hoch in der Pfanne stehen) von beiden Seiten goldbraun braten. Aus der Pfanne nehmen und auf einem mit Küchenpapier belegten Teller abtropfen lassen. Gegebenenfalls im Backofen bei 80 °C warm halten, bis alle Stücke fertig sind. Mit der restlichen Apfel-Mayo und dem Apfel-Fenchel-Slaw servieren.

Ein nicht alltägliches und besonderes Gericht zu kochen, bedeutet nicht, dass man dafür lange in der Küche stehen muss – das beweist unser Lammkarree mit Apfel-Fenchel-Tatar. Das knackige Apfeltatar harmoniert perfekt mit dem zarten Lammfleisch.

Lammkarrees mit Apfeltatar und Cider-Sauce

Für 4 Personen
Zubereitung: 40 Minuten

Für das Lamm
2 Lammkarrees (à 8 Rippchen)
3 EL Olivenöl
2 Knoblauchzehen
2 Zweige Rosmarin
1 EL Honig
1 TL Aceto balsamico bianco
Salz
Pfeffer

Für das Apfeltatar
2 Äpfel (z. B. Elstar)
1 Fenchelknolle
1 Bio-Limette
1 Karotte
1 TL Olivenöl
Salz
Pfeffer

Für die Cider-Sauce
125 ml Cider
200 g Schlagsahne
Salz
Pfeffer

Den Backofen auf 120 °C Umluft vorheizen. Die Karrees in einer Pfanne mit 1 EL Olivenöl zuerst auf der Fettseite, dann auf allen anderen Seiten jeweils 2 Minuten scharf anbraten. Aus der Pfanne nehmen, die Pfanne für die Sauce beiseitestellen. Den Knoblauch schälen und in feine Scheiben schneiden, den Rosmarin waschen und trocken schütteln. Aus dem restlichen Olivenöl, Knoblauch, Honig und Balsamico eine Marinade anrühren und mit Salz und Pfeffer abschmecken.

Die Karrees mit der Marinade einstreichen, in eine ofenfeste Form legen und je einen Zweig Rosmarin auf jedes Karree geben. Im Ofen (Mitte) je nach Größe der Lammkarrees 15–20 Minuten garen.

Inzwischen das Apfeltatar zubereiten. Dafür Äpfel, Fenchel und Limette waschen und abtrocknen. Die Schale der Limette abreiben und den Saft auspressen. Den Fenchel halbieren und eine Hälfte für die Sauce beiseitelegen. Die Karotte schälen. Äpfel, Karotte und Fenchel möglichst gleichmäßig fein würfeln. Zusammen in eine Schüssel geben und vermengen. Limettensaft und -schale sowie das Öl dazugeben und das Tatar mit Salz und Pfeffer abschmecken.

Für die Sauce den halben Fenchel in Streifen schneiden und in derselben Pfanne wie das Fleisch anbraten. Nach etwa 2 Minuten mit Cider und Schlagsahne ablöschen. Die Sauce 5 Minuten köcheln lassen. Das Fleisch aus dem Ofen nehmen und den ausgetretenen Fleischsaft in die Sauce geben. Das Karree 5 Minuten ruhen lassen. Die Sauce mit Salz und Pfeffer abschmecken und mit dem Tatar, der Sauce und nach Belieben mit dem Fenchel servieren.

Apfel trifft auf Hähnchen und wird zu einem leckeren Gericht, das sich einfach zubereiten lässt. Die Salsa verleiht den Spießen eine fruchtige Note. Als Beilagen empfehlen wir Reis oder Couscous.

Hähnchenspieße mit Apfelsalsa

Für 4 Personen
Zubereitung: 45 Minuten

Für die Marinade
1 TL Tomatenmark
3 EL Aceto balsamico bianco
3 EL Öl
1 TL Paprikapulver edelsüß
1 TL Sojasauce
1½ TL Honig
1 Knoblauchzehe
Salz
Pfeffer

Für die Spieße
500 g Hähnchenbrustfilets
150 g Zwiebeln
150 g geräucherter Bauchspeck
Öl zum Braten
Sprossen zum Garnieren

Für die Salsa
2 rote Paprikaschoten
1 Apfel (Granny Smith)
1–2 TL Honig
1 EL Essig
1 EL Öl
Salz
Pfeffer
Zitronensaft

Für die Marinade Tomatenmark, Balsamico, Öl, Paprikapulver, Sojasauce und Honig in einer kleinen Schüssel verrühren. Den Knoblauch dazupressen und die Marinade mit Salz und Pfeffer abschmecken.

Die Hähnchenbrustfilets abbrausen, trocken tupfen und in etwa 2 cm große Würfel schneiden. Die Zwiebel schälen und in Spalten schneiden. Den Speck in Scheiben schneiden. Fleisch, Speck und Zwiebeln abwechselnd auf Schaschlikspieße stecken. Rundum mit der Marinade einstreichen.

Währenddessen den Backofen auf 200 °C vorheizen. Die Paprika halbieren und entkernen. Auf ein mit Backpapier belegtes Backblech legen und im Ofen (oben) etwa 20 Minuten rösten, bis die Paprikahaut schwarze Blasen wirft. Die Paprika unter eiskaltem Wasser abschrecken und mit einem kleinen Messer häuten. Anschließend grob hacken. Den Apfel waschen und entkernen. Eine Hälfte in grobe Stücke schneiden und mit Paprika, 2 EL Wasser, Honig, Essig und Öl pürieren. Mit Salz und Pfeffer abschmecken. Den restlichen Apfel in feine Würfel schneiden, mit etwas Zitronensaft beträufeln und beiseitestellen.

Öl in einer großen Pfanne erhitzen. Die Spieße darin bei mittlerer Hitze rundum anbraten. Dabei immer wieder mit der Marinade einstreichen, abdecken und kühl stellen.

Die Spieße zusammen mit der Salsa auf Tellern anrichten und mit den Apfelwürfeln und nach Belieben mit frischen Sprossen garnieren.

Festliche Menüs und leckeres Essen gehören für uns zu Weihnachten dazu. Ein Klassiker ist eine knusprig gebratene Ente, die wir mit Äpfeln, Datteln und Maronen füllen. Dazu passen Kartoffelknödel und Apfel-Rotkohl (siehe Seite 66).

Gebratene Ente mit Dattel-Apfel-Maronen-Füllung

Für 4 Personen
Zubereitung: 25 Minuten
Garen: 1½–2 Stunden

Für die Ente
1 Freilandente (ca. 2,2 kg; mit Innereien)
3 Äpfel
200 g getrocknete Datteln
200 g gekochte Maronen
1 TL Anissamen
Salz
Pfeffer
2 rote Zwiebeln
5 Sternanis
2 getrocknete Chilischoten
1 TL Kardamomkapseln
1 TL gemahlener Piment
250 ml Geflügelfond

Für die karamellisierten Äpfel
1 Apfel
1 EL Öl
20 g Zucker
60 ml Pastis (oder Apfelsaft)

Für die Sauce
3 Schalotten
1 EL Öl
1 TL Puderzucker
150 ml Portwein
Salz
Pfeffer
1 TL Speisestärke (nach Belieben)

Den Backofen auf 180 °C vorheizen. Die Ente unter fließendem Wasser abspülen und trocken tupfen. Mit einer Pinzette etwaige Gefiederreste entfernen. Den Bürzel (das Schwänzchen) abschneiden. Den Hals bei Bedarf entfernen. Hals und Innereien beiseitestellen. Die Äpfel waschen, vierteln und entkernen. Datteln, Maronen und vier der Apfelviertel würfeln und vermengen. Mit Anis, Salz und Pfeffer abschmecken. Drei Viertel der Füllung in die Ente geben. Das untere Ende der Ente mit einem Zahnstocher verschließen. Die Keulen mit Backgarn zusammenbinden.

Die Zwiebeln vierteln und zusammen mit den restlichen Äpfeln lose in einen Bräter geben. Die restliche Füllung dazugeben und mit Sternanis, Chili, Kardamom und Piment würzen. Die Ente darauflegen und in den Ofen schieben. Ein ofenfestes Gefäß oder eine Auflaufform mit 500 ml kochend heißem Wasser füllen und auf den Backofenboden stellen. Die Ente im Ofen (unten) 1½–2 Stunden garen. Nach 20 Minuten mit etwas Geflügelfond übergießen. Vorgang regelmäßig wiederholen. Die Ente ist gar, wenn beim Einstich am Keulenansatz der austretende Saft klar ist.

Inzwischen den Apfel waschen, trocken reiben und in dünne Scheiben schneiden. Das Öl in einer Pfanne erhitzen und die Apfelscheiben darin scharf anbraten. Nach 30 Sekunden den Zucker darüberstreuen, Pastis angießen und sofort flambieren.

Für die Sauce die Schalotten schälen und fein hacken. Fertige Ente aus dem Ofen holen, den Saft durch ein Sieb abgießen. Öl in einer Pfanne erhitzen, die Schalotten darin glasig andünsten. Den Puderzucker dazugeben und die Innereien samt Bürzel und Hals anbraten. Mit Portwein und dem aufgefangenen Saft ablöschen. Aufkochen und nach Belieben mit Stärke andicken. Dazu in einer Schüssel 4 EL Sauce mit Stärke glatt rühren, zur Sauce geben, unter Rühren kurz aufkochen lassen. Innereien, Bürzel und Hals entfernen, die Sauce mit Salz und Pfeffer abschmecken. Die Ente mit den Apfelscheiben und der Sauce servieren.

Gerösteter Rotkohl vom Blech ist eine tolle Variante des klassisch geschmorten Apfel-Rotkohls. Das Gemüse behält durch die Zubereitung im Ofen seinen Biss und eine extra Note Röstaromen. Dazu gesellen sich Apfelspalten, ein saftig gegartes Roastbeef und knusprige Röstzwiebeln.

Roastbeef mit Röstzwiebeln und Apfel-Rotkohl vom Blech

Für 4 Personen
Zubereitung: 1 Stunde

Für das Roastbeef
800 g Roastbeef
Öl zum Anbraten

Für den Rotkohl
ca. 400 g Rotkohl
2 festfleischige Äpfel (z. B. Cox Orange, Gravensteiner, Jonagold)
4 EL Olivenöl, plus etwas mehr zum Beträufeln
2 EL Apfelessig
2 TL Honig
Saft von ½ Zitrone
Salz
Pfeffer

Für die Röstzwiebeln
1 Speisezwiebel
250 ml Öl
50 g Mehl
Salz

Das Roastbeef aus dem Kühlschrank nehmen und Zimmertemperatur annehmen lassen. Den Backofen auf 180 °C vorheizen. Die äußeren Blätter des Kohls entfernen, den Rotkohl halbieren und den Strunk entfernen. Den Kohl in etwa 1 cm dicke Scheiben schneiden. Die Äpfel waschen, entkernen und in Spalten oder Scheiben schneiden.

Aus Öl, Essig, Honig, Zitronensaft, Salz und Pfeffer ein Dressing anrühren. Ein Backblech mit Olivenöl fetten, die Rotkohlscheiben darauflegen und mit dem Dressing beträufeln. Im Ofen (Mitte) 25 Minuten rösten, dann die Apfelscheiben dazugeben, mit etwas Olivenöl beträufeln und weitere 15 Minuten rösten.

Das Roastbeef zuerst auf der Fettseite, dann auf allen anderen Seiten anbraten. Mit der Fettseite nach oben auf den Rotkohl setzen und etwa 25 Minuten garen, bis es eine Kerntemperatur von 53 °C erreicht hat. Das Fleisch aus dem Ofen nehmen, in Alufolie wickeln und etwa 5 Minuten ruhen lassen.

Inzwischen die Röstzwiebeln zubereiten. Dafür die Zwiebel schälen und in Ringe schneiden. Das Öl in einem kleinen Topf erhitzen. Das Mehl in einen tiefen Teller geben, salzen und die Zwiebel darin wenden. Im Öl frittieren und auf einem Küchenpapier abtropfen lassen.

Das Roastbeef quer zur Faserrichtung dünn aufschneiden und mit Salz und Pfeffer würzen. Mit dem gebackenen Rotkohl, den Äpfeln und den Zwiebelringen anrichten.

Die spanische Paprikawurst Chorizo verleiht dieser Quiche eine deftige und würzige Note. Die leicht feurige Wurst harmoniert mit ihrer Schärfe perfekt mit dem süß-säuerlichen Geschmack von Äpfeln.

Apfel-Mangold-Quiche mit Chorizo

Für 1 Quicheform (Ø 28 cm)
Zubereitung: 30 Minuten
Ruhen: 1 Stunde
Backen: 40 Minuten

Für den Teig
100 g kalte Butter
200 g Dinkelmehl (Type 630)
½ TL Salz
1 Ei (Größe M)

Für die Füllung
1 Lauch
2 Äpfel
150 g mittelscharfe Chorizo (spanische Paprikawurst)
50 g Haselnusskerne
100 g Baby-Mangold
200 g saure Sahne
2 Eier (Größe M)
60 g Parmesan, gerieben
Salz
Pfeffer

Für den Teig die Butter würfeln. Mehl und Salz mischen und mit Butter, Ei und 3–4 EL eiskaltem Wasser zügig zu einem Teig verkneten. Den Teig zu einer Kugel formen, in Frischhaltefolie wickeln und etwa 1 Stunde kalt stellen. Den Backofen auf 200 °C vorheizen.

Für die Füllung Lauch und Äpfel waschen. Den Lauch in Ringe schneiden, die Äpfel entkernen und in Spalten schneiden. Die Chorizo häuten und in Scheiben schneiden. Die Haselnüsse grob hacken. Den Baby-Mangold waschen und abtropfen lassen. Ein paar Blätter für die Deko beiseitelegen. Saure Sahne, Eier und Parmesan verquirlen, mit Salz und Pfeffer würzen und beiseitestellen.

Chorizo, Lauch und Äpfel in einer Pfanne bei starker Hitze kurz anbraten. Die Temperatur reduzieren. Nüsse und Mangold dazugeben. Durchschwenken, bis der Mangold leicht zusammengefallen ist. Mit Salz und Pfeffer abschmecken.

Eine Tarteform (Ø 28 cm) mit herausnehmbarem Boden bereitstellen. Den Teig auf einer leicht bemehlten Arbeitsfläche etwas größer als die Form ausrollen. Teig in die Form heben, den Rand mit den Fingern andrücken und den Boden mit einer Gabel mehrmals einstechen.

Die Hälfte der Chorizo-Apfel-Füllung auf dem Boden verteilen, die Eiermischung darübergießen und die restliche Füllung darauf verteilen. Im Ofen (Mitte) in 35–40 Minuten goldbraun backen, kurz abkühlen lassen.Nach Belieben mit Mangoldblättern dekorieren und lauwarm servieren. Dazu passt ein gemischter Salat.

Inspiration für unsere gefüllte Ofenforelle haben wir auf einer Reise durch Portugal gesammelt. Die portugiesische Küche ist bekannt für ihren puristischen Stil. Regionale Zutaten werden zu einfachen, aber leckeren Gerichten verarbeitet. Auch bei unserer Forelle setzen wir auf wenige qualitativ hochwertige Zutaten, die überwiegend aus der Region kommen.

Ofenforelle mit Frischkäse-Apfel-Füllung

Für 4 Personen
Zubereitung: 45 Minuten

Für die Forellen
4 küchenfertige Forellen (à ca. 250 g)
Salz
Pfeffer
1 Bund Petersilie
400 g Frischkäse
2 Äpfel (z. B. Jonagold, Elstar, Gravensteiner)
2 Bio-Zitronen

Den Backofen auf 200 °C vorheizen. Die Forellen von innen und außen mit kaltem Wasser abwaschen und mit Küchenpapier trocken tupfen. Das Forelleninnere salzen und pfeffern. Die Petersilie waschen, trocken schütteln und hacken. Frischkäse mit Salz und Pfeffer würzen und die Petersilie untermengen. Äpfel und Zitronen waschen, trocken reiben und in Scheiben schneiden.

Aus Backpapier vier Bögen (etwa 50 x 40 cm) zuschneiden. Die Forellen darauflegen und den Bauchraum mit je drei bis vier Apfel- und Zitronenscheiben sowie Frischkäse füllen.

Das Backpapier locker über den Forellen zu einem Päckchen zusammenfalten und die Enden links und rechts, nicht zu nahe am Fisch, mit Küchengarn gut zusammenbinden. Die Päckchen auf ein Backblech legen. Die Forellen im Ofen (Mitte) etwa 25 Minuten garen. Den Fisch aus dem Ofen holen und eine Garprobe machen. Dazu die Rückenflosse der größten Forelle herausziehen. Ist das Fleisch an den Gräten gar, ist auch der restliche Fisch gar. Falls nicht, weitere 5–10 Minuten garen. Dazu passen Ofenkartoffeln oder Grillgemüse.

Diese Muscheln in Cidresud holen für uns das mediterrane Lebensgefühl auf den Teller. Wichtig bei der Zubereitung der Weichtiere: Wenn eine Muschel schon vor dem Kochen offen ist, sollte man sie nicht mehr essen. Das Gleiche gilt für Exemplare, die sich beim Kochen nicht öffnen.

Muscheln in Cidresud mit Linguine

Für 4 Personen
Zubereitung: 30 Minuten

Für die Muscheln
1 kg Teppichmuscheln
2 Zwiebeln
2 Knoblauchzehen
200 g Karotten
250 g Kirschtomaten
200 g Staudensellerie
1 Bund Petersilie
3 EL Olivenöl
1 TL Anissamen
1 EL Tomatenmark
330 ml Cidre
400 g Linguine oder Spaghetti
Salz
Pfeffer
1 TL Chiliflocken
Olivenöl zum Beträufeln

Die Muscheln sorgfältig putzen. Geöffnete und beschädigte Muscheln entfernen, geschlossene Muscheln in kaltem Wasser mehrmals gründlich waschen und abtropfen lassen.

Die Zwiebeln schälen und grob hacken. Knoblauch und Karotten schälen. Die Tomaten waschen. Den Sellerie ebenfalls waschen und die langen zähen Fäden mithilfe eines kleinen Messers abziehen. Die Karotten fein würfeln. Den Sellerie in schmale Ringe schneiden und diese fein hacken. Die Petersilie waschen, trocken schütteln und hacken.

Das Öl in einem großen Topf erhitzen. Zwiebeln, Karotten, Knoblauch und Sellerie dazugeben und bei mittlerer Hitze darin glasig andünsten. Muscheln, Tomaten, Anis, die Hälfte der Petersilie und das Tomatenmark dazugeben, kurz mitdünsten und mit Cidre ablöschen. Einmal aufkochen und zugedeckt etwa 8–10 Minuten köcheln lassen, bis die Muscheln geöffnet sind. Geschlossene Exemplare aussortieren.

Inzwischen die Pasta nach Packungsangabe bissfest garen. Die abgetropften Linguine zu den Muscheln geben, mit Salz, Pfeffer, Petersilie und Chiliflocken würzen und gut durchmischen.

In tiefen Tellern anrichten und vor dem Servieren mit Olivenöl beträufeln.

Fächerkartoffeln sind in unserem Haus eine beliebte Beilage. Unsere gefächerten Äpfel mit Speck, Parmesan und Salbei bilden eine Variation der sogenannten Hasselback-Kartoffeln. Wir servieren sie in Kombination mit gebratenem Zanderfilet, Haselnussbröseln und einer leckeren Weißweinsauce.

Gebratener Zander mit gefächerten Äpfeln, Haselnussbröseln und Weißweinsauce

Für 4 Personen
Zubereitung: 25 Minuten
Backen: 1 Stunde

Für die gefächerten Äpfel und Kartoffeln
8 mittelgroße festkochende Kartoffeln
2 Äpfel (Cox Orange)
2–3 EL Olivenöl
Salz
100 g geräucherter Bauchspeck
80 g Parmesan
1 Bund Salbei

Für die Brösel
40 g Butter
50 g Semmelbrösel
20 g Haselnusskerne
Salz
Pfeffer

Für Zander und Sauce
1 Knoblauchzehe
4 Stücke Zanderfilet mit Haut (à ca. 200 g)
50 g Mehl
2–3 EL Öl
50 g Schlagsahne
50 ml Weißwein
Salz

Den Backofen auf 200 °C vorheizen. Kartoffeln und Äpfel waschen. Die Äpfel halbieren und auf der Schalenseite fächerartig ein- aber nicht durchschneiden. Die Kartoffeln ebenso fächerartig einschneiden. Die Kartoffeln mit Öl bestreichen und salzen. Speck und Parmesan in möglichst dünne Scheiben schneiden bzw. hobeln. Den Salbei waschen und trocken schütteln, zwei Blätter für die Sauce beiseitelegen. Größere Blätter halbieren. In die Spalten von Kartoffeln und Äpfeln abwechselnd Speck, Salbei und Parmesan stecken.

Die Kartoffeln auf ein mit Backpapier belegtes Blech setzen. Im Ofen (Mitte) 20 Minuten backen. Kurz herausholen, die Kartoffeln mit Öl bepinseln und die Äpfel dazulegen. Weitere 30–40 Minuten backen, bis die Äpfel weich und die Kartoffeln gar sind. Inzwischen für die Brösel die Butter in einer Pfanne zerlassen, die Semmelbrösel dazugeben und bei mittlerer Hitze unter ständigem Rühren bräunen. Die Haselnusskerne grob hacken und zu den Bröseln geben. Mit Salz und Pfeffer würzen und beiseitestellen.

Für Zander und Sauce den Knoblauch schälen. Den Fisch waschen, trocken tupfen und die Hautseite mit einem scharfen Messer zweimal leicht einschneiden. Die Filets im Mehl wenden. Das Öl in einer Pfanne erhitzen und die Filets auf der Hautseite 2–3 Minuten anbraten. Umdrehen und 30 Sekunden braten. Den Fisch aus der Pfanne nehmen und im Ofen bei 75 °C warm halten.

Salbeiblätter und Knoblauch in die heiße Pfanne geben, mit Schlagsahne und Wein ablöschen und 1 Minute köcheln lassen. Die Sauce in einen Mixbehälter füllen und mit dem Stabmixer kurz aufschäumen. Den Fisch mit Äpfeln, Kartoffeln und Sauce anrichten und mit Haselnussbröseln garnieren.

Tipp: Kartoffel oder Apfel zwischen zwei Kochlöffelstiele klemmen und in dünne (etwa 2 mm) Scheiben schneiden. So wird verhindert, dass man sie komplett durchschneidet.

Die Süße karamellisierter Apfelscheiben verleiht diesem Rezept eine besondere Note. Garniert mit Kräuterbröseln, zweierlei Saucen und Blaubeeren wird daraus ein köstliches Fischgericht, das auch optisch einiges hermacht.

Lachsfilets mit karamellisiertem Apfel und Blaubeer-Kräuter-Topping

Für 4 Personen
Zubereitung: 30 Minuten

Für das Lachsfilet
800 g Lachsfilet mit Haut
1–2 EL Öl

Für die Kräuterbrösel
1 Bund Petersilie
1 Bund Schnittlauch
1 Zweig Salbei
40 g Butter
50 g Semmelbrösel
Salz
Pfeffer

Für den karamellisierten Apfel
1 Apfel (z. B. Gravensteiner, Jonagold, Elstar)
2 EL Puderzucker

Für die Saucen
½ Knoblauchzehe
50 g Schlagsahne
50 g Schmand
Salz
Pfeffer
200 g Blaubeeren

Das Lachsfilet kalt abbrausen, trocken tupfen und in vier Portionen teilen.

Für die Brösel Petersilie, Schnittlauch und Salbei waschen und trocken schütteln. Die Salbeiblättchen abzupfen und alle Kräuter fein hacken. Die Butter in einer Pfanne zerlassen und die Semmelbrösel bei mittlerer Hitze goldbraun rösten. Mit den Kräutern mischen und mit Salz und Pfeffer abschmecken.

Den Apfel waschen, trocken reiben und in dünne Ringe schneiden. Von beiden Seiten mit Puderzucker bestäuben. Die Apfelringe in einer Pfanne bei mittlerer Hitze von beiden Seiten karamellisieren.

Für die Sahnesauce den Knoblauch schälen. Mit Schlagsahne und Schmand in einem Mixbehälter zu einer schaumigen Creme pürieren. Mit Salz und Pfeffer abschmecken.

Für die Blaubeersauce die Hälfte der Blaubeeren mit 2 EL Wasser in einem kleinen Topf kurz aufkochen. Mit einer Gabel oder einem Pfannenwender zerdrücken.

Für den gebratenen Lachs das Öl in einer Pfanne erhitzen und die Fischfilets darin je nach Dicke 4–6 Minuten auf der Haut- und 30 Sekunden auf der Fleischseite anbraten.

Auf Tellern mit den karamellisierten Apfelscheiben belegen. Die Semmelbrösel darüberstreuen. Blaubeer- und Sahnesauce tupfenweise darauf verteilen und mit den restlichen Blaubeeren garnieren.

Jetzt wird's feurig! Der ursprünglich aus Laos stammende Salat Som Tam bringt ordentlich Schärfe auf den Teller. Traditionell wird das Gericht aus grüner Papaya zubereitet, die zusammen mit den restlichen Zutaten in einem Mörser gestampft wird. Für unser Rezept ersetzen wir Papaya durch knackige grüne Äpfel. Die Kombination aus fruchtigem Apfel, saurer Limette, scharfer Chili und salziger Fischsauce sorgt auf der Zunge für eine wahre Geschmacksexplosion.

Som-Tam-Thai-Salat mit grünen Äpfeln

Für 4 Personen
Zubereitung: 40 Minuten

Für das Dressing
1 Bio-Limette
2 EL Tamarinden-Paste (erhältlich im Asialaden)
3 EL Fischsauce
3 EL brauner Zucker

Für den Salat
80 g getrocknete Shrimps (erhältlich im Asialaden)
4 Äpfel (Granny Smith)
2–3 rote Thai-Chilischoten (je nach gewünschter Schärfe)
16 Kirschtomaten
100 g Zuckerschoten
4 Knoblauchzehen
70 g geröstete Erdnüsse
15 g Koriandergrün
1 Stängel Thai-Basilikum

Für das Dressing die Limette waschen, halbieren und auspressen. Die ausgepressten Limettenschalen für später beiseitelegen, den Saft zusammen mit 2 EL Wasser, Tamarinden-Paste, Fischsauce und Zucker gründlich verrühren.

Die getrockneten Garnelen in lauwarmem Wasser einweichen.

Die Äpfel waschen, entkernen und mit einem Messer in feine Juliennestreifen schneiden. Chilischoten und Tomaten waschen und abtrocknen. Von den Chilis die Stiele entfernen. Die Zuckerschoten waschen und den feinen Faden an der Seite der Schoten mit einem scharfen Messer abziehen. Die Knoblauchzehen schälen. Die Erdnüsse grob hacken.

Die Garnelen abgießen und grob hacken. Zusammen mit beiseitegelegten Limettenschalen, Knoblauch und Chilischoten in einen Mörser geben und zerstampfen. Zuckerschoten und Kirschtomaten dazugeben und leicht zerdrücken. Etwa ein Drittel des Apfels dazugeben und alles behutsam weiterstampfen. Die zerstampften Zutaten in eine größere Schüssel umfüllen, die Limettenschalen dabei entfernen. Die restlichen Äpfel, die Erdnüsse und das Dressing unterrühren. Zum Schluss noch einmal alles behutsam stampfen und gut vermischen.

Koriandergrün und Thai-Basilikum waschen, trocken schütteln, grob hacken und unter den Salat mengen. Som Tam schmeckt pur oder mit gedämpftem Jasminreis.

Nichts schmeckt besser als selbst gemachte Pasta. Vor allem zu besonderen Anlässen lieben Flo und ich es, uns an unterschiedlichen Teigen und Füllungen auszutoben. Selbst gemachte Tortellini gehören dabei zu unseren absoluten Favoriten. Die gefüllten Nudeln selbst zu formen, scheint dabei komplizierter, als es ist. Schon nach ein paar Versuchen geht das Füllen und Falten gut von der Hand.

Rote-Bete-Tortellini mit Apfel-Roquefort-Füllung

Für 4 Personen
Zubereitung:
1–1½ Stunden

Für die Tortellini
300 g Mehl (Type 00), plus etwas mehr zum Kneten (oder 150 g Weizenmehl (Type 405 oder 550) und 150 g Hartweizengrieß)
1 TL Salz
120 ml Rote-Bete-Saft
1 Ei (Größe M)
1 EL Öl

Für die Füllung
100 g Roquefort
100 g Frischkäse
½ mittelgroßer Apfel (z. B. Jonagold, Gravensteiner, Gala)

Für die Sauce
1 Knoblauchzehe
1 Zweig Thymian
1 Zweig Rosmarin
2 EL Olivenöl
100 ml trockener Weißwein
200 g Schlagsahne
Salz
Pfeffer

Zum Anrichten
Parmesan, gerieben
¼ Apfel, gerieben
Abrieb von ½ Bio-Zitrone
200 g Rosenkohl (nach Belieben)

Für die Tortellini Mehl und Salz mischen. Rote-Bete-Saft, Ei und Öl dazugeben und mit den Händen in 5–10 Minuten zu einem geschmeidigen Teig verkneten. Sollte er zu klebrig sein, etwas Mehl einarbeiten. In Frischhaltefolie wickeln und mindestens 30 Minuten ruhen lassen.

Für die Füllung Roquefort und Frischkäse zu einer homogenen Masse verrühren. Den Apfel waschen, vierteln, entkernen und fein reiben. Unter die Roquefort-Frischkäse-Masse mischen. Achtung: Die Masse sollte nicht zu flüssig werden. Bei einem größeren Apfel lieber etwas weniger untermengen. Die Füllung kalt stellen.

Den Nudelteig portionsweise auf einer leicht bemehlten Arbeitsfläche 2–3 mm dick ausrollen. Den Teig, der zwischenzeitlich nicht verwendet wird, wieder in Frischhaltefolie wickeln, damit er nicht austrocknet. Kreise mit einem Durchmesser von 8 cm ausstechen. Je 1 TL Füllung in der Mitte platzieren. Die Ränder mit etwas Wasser befeuchten, die Teigstücke zu Halbkreisen zusammenklappen. Die Ränder gut zusammendrücken. Die Halbkreise an der dicksten Stelle auf den Zeigefinger setzen und die Enden um den Finger wickeln. Gegebenenfalls etwas anfeuchten und die beiden Enden miteinander verbinden. Auf einer leicht bemehlten Unterlage ablegen, bis alle Tortellini geformt sind. In einem großen Topf Salzwasser zum Kochen bringen.

Für die Sauce den Knoblauch fein hacken. Kräuter waschen und trocken schütteln. Öl in eine Pfanne geben und den Knoblauch darin bei mittlerer Hitze glasig andünsten. Mit Wein ablöschen und nach etwa 1 Minute Schlagsahne und Kräuter dazugeben. 5 Minuten köcheln lassen, salzen und pfeffern. Die Kräuter herausnehmen.

Die Tortellini portionsweise in das kochende Salzwasser geben. 1–2 Minuten kochen. Mit einer Schaumkelle herausheben und mit Sauce, Parmesan, geriebenem Apfel und Zitronenabrieb anrichten.
Wer mag, kann die Tortellini mit blanchiertem Rosenkohl servieren.

Kürbis-Apfel-Strudel

Ergibt 1 Strudel in Backblechlänge
Zubereitung: 40 Minuten
Backen: 45 Minuten

Für den Strudel

1 Pck. fertiger Strudelteig (oder selbst gemachter Strudelteig, siehe Seite 101)

Für die Füllung

400 g Butternut-Kürbis
3 kleine Äpfel (z. B. Borsdorfer Renette, Jakob Lebel, Cox Orange)
1 Zwiebel
10 g Ingwer
1 Zweig Rosmarin
100 g vorgegarte Maronen
100 g Blattspinat
1 Ei (Größe M)
100 g Crème fraîche
20 g Butter
Salz
Pfeffer
frisch geriebene Muskatnuss
Öl zum Bestreichen

Für den Joghurtdip

2 Stängel Petersilie
100 g Joghurt
1 TL Aceto balsamico bianco
1 TL Olivenöl
1 Prise Zucker
1 TL Zitronensaft
Salz
Pfeffer

Für die Füllung Kürbis und Äpfel waschen, entkernen und in etwa 1 cm große Würfel schneiden. Zwiebel und Ingwer schälen und fein hacken. Den Rosmarin waschen, trocken schütteln und die Nadeln fein hacken. Die Maronen grob hacken. Den Blattspinat waschen, abtropfen lassen und grob zerkleinern. In einer Schüssel Ei und Crème fraîche verrühren.

Die Butter in einer Pfanne zerlassen und Zwiebeln und Kürbis darin etwa 5 Minuten braten. Rosmarin, Maronen und Ingwer dazugeben und kurz mitbraten. Den Spinat dazugeben und so lange braten, bis dieser zusammengefallen ist. Alles in eine Schüssel füllen und abkühlen lassen. Ist die Füllung handwarm, Äpfel und Crème-fraîche-Masse dazugeben und gründlich verrühren. Mit Salz, Pfeffer und Muskat abschmecken.

Für den Joghurtdip die Petersilie waschen, trocken schütteln und fein hacken. Mit den restlichen Zutaten in einer kleinen Schüssel vermischen und kühl stellen. Den Backofen auf 200 °C vorheizen.

Bei selbst gemachtem Strudelteig den Teig ausrollen, auf einem Geschirr- oder Strudeltuch ausziehen (siehe Seite 101) und mit Öl bestreichen. Bei fertigem Strudelteig ein Strudelblatt auf einbefeuchtetes Tuch legen, mit Öl bepinseln. Ein zweites Blatt auflegen, mit Öl bepinseln. Zwei weitere Schichten Öl und Strudelteig auflegen. Die Füllung im unteren Drittel auf dem Teig verteilen, dabei auf beiden Seiten einen etwa 4–5 cm breiten Rand freilassen. Die seitlichen Ränder über die Füllung klappen und den Strudel mithilfe des Tuchs aufrollen.

Den Strudel mit der Naht nach unten auf ein mit Backpapier belegtes Backblech setzen und noch einmal mit Öl bepinseln. Im Ofen (Mitte) etwa 45 Minuten backen, bis die Oberfläche knusprig gebräunt ist. Nach etwa 30 Minuten noch einmal mit Öl bepinseln. Aus dem Ofen nehmen und mit Joghurtdip servieren.

Äpfel, Kürbis und Maronen: Dieser Strudel enthält das für uns leckerste Obst und Gemüse, das der Herbst zu bieten hat. Am besten schmeckt der Strudel natürlich mit selbst gemachtem Teig. Rezept und Anleitung dazu finden Sie auf den Seiten 100/101. Wenn es mal schneller gehen soll, kann auf fertige Strudelteigblätter aus dem Kühlregal zurückgegriffen werden.

Mit diesem Rote-Bete-Apfel-Risotto bringen wir nicht nur jede Menge Farbe auf den Teller, sondern auch ganz viel Aroma. Der erdige Geschmack der roten Rübe harmoniert dabei perfekt mit den süß-säuerlichen Äpfeln. Zart knusprig wird's durch ein Topping aus gerösteten Mandelblättchen.

Rote-Bete-Apfel-Risotto mit gerösteten Mandelblättchen

Für 4 Personen
Zubereitung: 30 Minuten

Für das Risotto
2 rote Zwiebeln
500 g gekochte Rote Bete
2 Äpfel (z. B. Cox Orange, Elstar)
100 g Parmesan
1 Zweig Thymian
3 EL Olivenöl
400 g Risottoreis
500 ml Apfelwein
700 ml Gemüsebrühe
50 g Mandelblättchen
½ TL gemahlener Zimt
2 TL Zucker
Salz
Pfeffer
8 getrocknete Apfelringe (siehe Seite 170)

Für das Risotto die Zwiebeln schälen und fein hacken, die Rote Bete würfeln. Die Äpfel waschen, entkernen und ebenfalls würfeln. Den Parmesan reiben. Den Thymian waschen, trocken schütteln und die Blättchen abstreifen.

Das Öl in einem Topf erhitzen und die Zwiebeln darin glasig andünsten. Den Reis dazugeben und etwa 3 Minuten mitbraten. Anschließend mit etwas Apfelwein ablöschen und bei schwacher Hitze unter regelmäßigem Rühren köcheln lassen, bis der Reis die Flüssigkeit aufgenommen hat. Nach und nach Brühe und Wein dazugießen, dabei ab und zu umrühren. Die nächste Portion Flüssigkeit immer erst dazugießen, wenn der Reis die Flüssigkeit aufgenommen hat. Das Risotto ist fertig, wenn es eine zähflüssige Konsistenz hat und der Reis al dente ist (ca. 20 Minuten). Kurz vor Ende der Garzeit Rote Bete und Äpfel dazugeben und etwa 2 Minuten miterhitzen.

Inzwischen Mandelblättchen mit Zimt und Zucker in einer Pfanne ohne Fett goldbraun rösten.

80 g Parmesan unter das Risotto rühren und mit Salz und Pfeffer abschmecken. Auf Tellern anrichten und mit Mandelblättchen, übrigem Parmesan und jeweils zwei getrockneten Apfelringen garnieren.

Wenn es abends mal schnell gehen soll, kommt dieses Rezept gerade recht: Gebackener Feta mit Äpfeln, Tomaten und Zwiebeln zählt zu unseren Lieblings-Feierabendgerichten. Kein Wunder, ist es doch in 5 Minuten im Ofen und in rund 20 Minuten auf dem Tisch. Super einfach und voller Aromen!

Im Ofen gebackener Feta

Für 4 Personen
Zubereitung: 25 Minuten

Für den Feta
4–5 EL Olivenöl, plus etwas mehr zum Beträufeln
Saft von ½ Zitrone
1 TL Honig
Salz
Pfeffer
3 rote Zwiebeln
4 festfleischige Äpfel (z. B. Cox Orange, Jonagold, Boskoop)
250 g Cherry-Rispentomaten
4 Stängel Petersilie
400 g Feta

Öl, Zitronensaft und Honig in einer kleinen Schüssel verrühren. Mit Salz und Pfeffer abschmecken.

Den Backofen auf 200 °C vorheizen. Die Zwiebeln schälen und je nach Größe halbieren oder vierteln. Äpfel und Tomaten waschen. Die Petersilie waschen, trocken schütteln und grob hacken.

Den Feta abtropfen lassen und in eine ofenfeste Form legen. Etwa die Hälfte der Äpfel in Scheiben schneiden und auf dem Feta verteilen. Restliche Äpfel je nach Größe im Ganzen oder in Spalten in die Form geben. Tomaten und Zwiebeln ebenfalls in der Form verteilen.

Feta und Gemüse mit der Zitronen-Öl-Marinade übergießen und mit Petersilie bestreuen. Im Ofen (Mitte) 20 Minuten backen. Mit etwas Olivenöl beträufeln und mit Brot oder Salat servieren.

Wir lieben es, an Samstagen gemeinsam über regionale Märkte zu schlendern und uns vom Angebot der Saison inspirieren zu lassen. Im Herbst bereiten wir aus Äpfeln, Kürbissen und Roter Bete gerne eine Mürbeteig-Galette zu. Garniert mit Petersilie und Feta wird aus dem Teigfladen ein einfaches und leckeres Herbstgericht.

Apfel-Kürbis-Galette mit Roter Bete und Schafskäse

Ergibt 1 Galette
Zubereitung: 30 Minuten
Ruhen: 1 Stunde
Backen: 45 Minuten

Für den Teig
150 g kalte Butter
300 g Dinkelmehl (Type 630)
1 TL Salz
50 ml Milch, plus etwas mehr zum Bestreichen

Für die Creme
200 g Schmand
1 Knoblauchzehe, zerdrückt
1 EL Zitronensaft
3 Zweige Thymian
Salz
Pfeffer

Für den Belag
1–2 süß-säuerliche Äpfel (ca. 300 g)
ca. 200 g Hokkaidokürbis
1 große rote Zwiebel
200 g gekochte Rote Bete
100 g Feta
2 TL gehackte Petersilie

Für den Mürbeteig die Butter in Würfel schneiden. Mehl und Salz mischen. Butter, Milch und nach und nach 100 ml eiskaltes Wasser hinzufügen und rasch zu einem Teig verkneten. Im Teig dürfen gerne noch einzelne Butterstücke zu sehen sein. Sie sorgen später für eine besonders blättrige Galette. Den Teig zu einem flachen Ziegel formen, in Frischhaltefolie wickeln und etwa 1 Stunde im Kühlschrank ruhen lassen. Den Backofen auf 200 °C vorheizen.

Für die Creme Schmand, Knoblauch und Zitronensaft mischen. Den Thymian waschen, trocken schütteln, die Blättchen abstreifen und zur Creme geben. Mit Salz und Pfeffer abschmecken.

Äpfel und Kürbis waschen, entkernen und in schmale Scheiben schneiden. Die Zwiebel schälen und in Ringe schneiden. Die Rote Bete ebenfalls in Scheiben schneiden. Den Feta mit den Fingern fein zerbröseln und mit der Petersilie mischen. Kalt stellen.

Den Teig auf einer leicht bemehlten Arbeitsfläche 3–4 mm dick und rund ausrollen. Auf ein mit Backpapier belegtes Blech legen. Die Creme mit etwa 5 cm Abstand zum Rand auf dem Teig verteilen.

Abwechselnd mit Äpfeln, Kürbis, Zwiebeln und Roter Bete belegen. Die Teigränder über den Belag klappen und mit etwas Milch bestreichen. Die Galette im Ofen (Mitte) in 40–45 Minuten goldbraun backen. Mit dem zerbröselten Feta bestreuen und warm servieren.

Das indische Nationalgericht Dal gehört gerade im Herbst und Winter zu unseren Lieblingsrezepten. Es ist schnell und einfach zubereitet und durch den hohen Anteil an Ballaststoffen lange sättigend. Traditionell wird Dal aus Hülsenfrüchten, meistens Linsen, zubereitet. Ein geriebener Apfel sorgt für eine fruchtige Note.

Rote-Linsen-Dal mit Curry und geriebenen Äpfeln

Für 4 Personen
Zubereitung: 30 Minuten

Für das Linsen-Dal
2 rote Zwiebeln
3 Knoblauchzehen
20 g Ingwer
3 Karotten
300 g rote Linsen
2½ EL Kokosöl
1½ TL gemahlener Kreuzkümmel
1½ EL Currypulver
150 g geriebener, säuerlicher Apfel (z. B. Jakob Lebel, Berlepsch, Boskoop)
600 ml Kokosmilch
300 g stückige Tomaten (aus der Dose)
75 g Baby-Spinat
Saft von 1 Limette
Salz
Pfeffer
4 EL Joghurt
2 EL Kokosraspel
Apfelspalten und Spinatblättchen zum Garnieren (nach Belieben)

Zwiebeln, Knoblauch, Ingwer und Karotten schälen und fein würfeln. Die Linsen abbrausen und abtropfen lassen.

Das Kokosöl in einem Topf zum Schmelzen bringen, Zwiebelwürfel bei mittlerer Hitze anschwitzen. Knoblauch, Ingwer, Karotten, Kreuzkümmel und Currypulver dazugeben und 3–4 Minuten unter Rühren braten. Die Linsen zusammen mit dem Apfel unterrühren. Mit 450 ml Wasser, Kokosmilch und Tomaten ablöschen und zugedeckt bei mittlerer Hitze 15 Minuten köcheln lassen.

Den Spinat waschen und trocken schütteln. Unter das Linsen-Dal mischen und etwa 5 Minuten ziehen lassen. Mit Limettensaft, Salz und Pfeffer würzen.

Das Dal in Schälchen füllen und mit Joghurt und Kokosraspeln servieren. Nach Belieben mit Apfelspalten und Spinatblättchen garnieren.

GEBÄCK & KUCHEN

Cheesecake mit Apfel-Crumble-Topping

Für 1 Springform (Ø 24 oder 26 cm)
Zubereitung: 35 Minuten
Backen: 1 Stunde 20 Minuten

Für die Streusel
45 g kalte Butter
85 g Mehl
35 g Zucker
½ TL gemahlener Zimt
1 Prise Salz

Für den Boden
160 g Butterkekse
65 g Butter, plus etwas mehr für die Form
1 Prise Salz

Für das Apfeltopping
4 mittelgroße Äpfel (z. B. Jonagold, Boskoop)
Saft von ½ Zitrone
30 g brauner Zucker
1 TL gemahlener Zimt
2–3 EL Stärke

Für die Füllung
800 g Doppelrahm-frischkäse
220 g Zucker
45 g Speisestärke
1 TL Vanilleextrakt
Abrieb und Saft von ½ Bio-Zitrone
200 g saure Sahne
3 Eier (Größe M)

Etwa 1 Stunde vor Zubereitungsbeginn alle gekühlten Zutaten (bis auf die Butter für die Streusel) aus dem Kühlschrank nehmen und auf Zimmertemperatur bringen.

Für die Streusel alle Zutaten in einer Schüssel vermengen und mit den Fingern zu Streuseln verarbeiten. Kühl stellen.

Den Backofen auf 180 °C vorheizen. Den Boden einer Springform mit Backpapier auslegen, den Rand fetten.

Die Kekse fein mahlen. Die Butter in einem kleinen Topf bei mittlerer Hitze zerlassen und über die Keksbrösel gießen. Das Salz dazugeben. Alles gründlich verrühren. Die Keksmasse auf dem Boden der Springform verteilen und mit einem Löffel gut andrücken. Im vorgeheizten Ofen (Mitte) 10 Minuten backen, herausnehmen und abkühlen lassen.

Währenddessen das Apfeltopping vorbereiten. Dazu die Äpfel schälen, entkernen und würfeln. Mit Zitronensaft, Zucker, Zimt und 450 ml Wasser in einem Topf aufkochen und 4–5 Minuten bei mittlerer Hitze köcheln lassen. Stärke einrühren, unter Rühren kurz aufkochen und vom Herd nehmen. Die Ofentemperatur auf 150 °C reduzieren.

Für die Füllung Frischkäse und Zucker mit dem Handrührgerät auf niedriger Stufe cremig rühren. Stärke, Vanilleextrakt, Zitronenabrieb und -saft sowie saure Sahne ebenfalls unter die Masse rühren. Die Eier in einer kleinen Schüssel verquirlen und in zwei Portionen mit dem Teigspatel unter die Frischkäsemasse heben. Auf dem Keksboden verteilen und glatt streichen. Erst die Äpfel, dann die Streusel auf dem Kuchen verteilen.

Im Ofen (Mitte) etwa 1 Stunde 10 Minuten backen. Herausnehmen, abkühlen lassen und aus der Form lösen. Vollständig abkühlen lassen und kalt stellen. Der Cheesecake schmeckt am besten, wenn er ein paar Stunden im Kühlschrank durchziehen konnte.

Der französische Klassiker Tarte Tatin ist in unserer Variante schnell und einfach zubereitet. Wir lieben den Duft des Karamells, der sich beim Backen in der ganzen Wohnung verbreitet und die Vorfreude auf das Gebäck steigen lässt.

Tarte Tatin

Für 1 Tarteform (Ø 26–28 cm)
Zubereitung: 20 Minuten
Backen: 30 Minuten

Für die Tarte Tatin
Saft von ½ Zitrone
4–5 mittelgroße süß-säuerliche Äpfel (z. B. Berlepsch, Cox Orange, Boskoop)
120 g Zucker
50 ml Calvados
1 Msp. Salz
40 g Butter
250 g Blätterteig (aus dem Kühlregal)

Eine große Schüssel mit Wasser füllen. Den Zitronensaft dazugeben. Die Äpfel schälen, entkernen, in etwa 1 cm dicke Spalten schneiden und in die Schüssel mit Wasser legen, damit sie nicht braun werden. Den Backofen auf 180 °C vorheizen.

Den Zucker mit 3 EL Wasser in einer Pfanne bei mittlerer Hitze karamellisieren, bis der Zucker sich aufgelöst hat und beginnt, sich goldbraun zu verfärben. Dabei nicht umrühren. Mit Calvados ablöschen und unter Rühren einköcheln. Vom Herd nehmen. Salz und Butter in Stücken dazugeben und alles zu einer dickflüssigen Masse verrühren. Das Karamell in eine ofenfeste Pfanne oder Form füllen.

Die Apfelscheiben aus dem Wasser nehmen und gut abtropfen lassen. Kreisförmig auf dem Karamell anordnen.

Den Blätterteig ausrollen, einen Kreis ausschneiden, der etwas größer ist als die Pfanne, und die Äpfel damit bedecken. Die Ränder mit den Fingern andrücken und mit einer Gabel kleine Löcher in den Teig stechen. Im vorgeheizten Ofen (Mitte) 25–30 Minuten backen, bis der Blätterteig goldbraun ist.

Aus dem Ofen nehmen, etwas abkühlen lassen und die Ränder mit einem kleinen Messer lösen. Die Tarte mithilfe eines Tellers vorsichtig stürzen. Am besten keinen ganz flachen Teller verwenden, da sonst das heiße Karamell ausläuft.

Die Tarte am besten lauwarm und nach Belieben mit Crème fraîche oder Eis servieren.

Es gibt kein anderes Gebäck, das Madeleines Oma so gut beherrschte, wie selbst gemachter Apfelstrudel. Dass das alte Familienrezept Teil dieses Buches werden soll, stand für uns deshalb schnell fest. Ein saftiger und zart blätternder Teig umhüllt die Füllung aus geriebenen Äpfeln, Rosinen, Zucker und Zimt. Jeder Bissen weckt die schönsten Kindheitserinnerungen.

Omas Apfelstrudel

Ergibt 1 Strudel in Backblechlänge
Zubereitung: 40 Minuten
Ruhen: 1 Stunde
Backen: 55 Minuten

Für den Strudelteig
150 g Mehl (doppelgriffig oder Type 550)
½ TL Salz
½ EL Essig
1 EL Öl
Milch zum Bestreichen

Für die Füllung
1 kg säuerliche Äpfel (z. B. Boskoop)
1 TL gemahlener Zimt
2 EL Zucker
100 g Rosinen (nach Belieben gerne etwas mehr oder weniger)
2 Eier (Größe M)
1 Prise Salz
200 g saure Sahne
50 g Butter, zerlassen
ca. 50 g Semmelbrösel

Für den Teig Mehl und Salz mischen. Essig, Öl und 40 ml warmes Wasser dazugeben und mithilfe einer Küchenmaschine langsam kneten. Nach und nach weitere 30–40 ml Wasser dazugeben. Der Teig sollte nach dem Kneten weich, elastisch und glatt sein, damit er sich gut ausziehen lässt. Den Teig mit den Händen auf der bemehlten Arbeitsfläche weitere 10 Minuten kneten. Mit Öl bepinseln, in Frischhaltefolie wickeln und 1 Stunde bei Zimmertemperatur ruhen lassen.

Für die Füllung die Äpfel schälen, entkernen und reiben. Mit Zimt, Zucker und Rosinen mi-schen und beiseitestellen. Die Eier trennen. Die Eiweiße mit Salz steif schlagen. Eigelbe und saure Sahne gut verrühren. Den Eischnee unterheben und beiseitestellen.

Den Backofen auf 200 °C vorheizen. Den Strudelteig auf einer leicht bemehlten Arbeitsfläche so dünn wie möglich ausrollen. Zwischendurch immer wieder wenden und bemehlen. Ein Strudel- oder Geschirrtuch leicht bemehlen. Die Hände mit dem Handrücken nach oben unter den Teig schieben und den Teig von der Mitte nach außen Stück für Stück zu einem hauchdünnen, transparenten Rechteck ziehen und dehnen. Zu dicke Ränder abschneiden.

Den Teig mit der zerlassenen Butter bestreichen und mit Semmelbröseln bestreuen. Die Füllung an einem Ende in einer Linie verteilen, dabei auf beiden Seiten einen etwa 4–5 cm breiten Rand freilassen. Die Saure-Sahne-Ei-Mischung in Klecksen darauf verteilen. Seitliche Ränder über die Füllung klappen und den Strudel mithilfe des bemehlten Tuchs aufrollen.

Den Strudel mit der Naht nach unten auf ein mit Backpapier belegtes Backblech setzen. Mit reichlich Milch bepinseln und im Ofen (Mitte) 45–55 Minuten backen. Nach etwa 30 Minuten noch einmal großzügig mit Milch bepinseln. Aus dem Ofen nehmen und am besten lauwarm mit Vanillesauce oder Eis servieren.

Zimtschnecke trifft auf Gugelhupf: Dass Rührkuchen alles andere als langweilig sind, beweist dieser Apfelgugelhupf mit Zimt-Pekannuss-Swirl. Die Äpfel kommen gerieben in den Teig und sorgen für jede Menge Saftigkeit.

Apfelgugelhupf mit Zimt-Pekannuss-Swirl

Für 1 Gugelhupfform (2 l Inhalt)
Zubereitung: 25 Minuten
Backen: 1 Stunde 10 Minuten

Für die Zimtfüllung

150 g Pekannüsse
2 EL gemahlener Zimt
80 g brauner Zucker
Semmelbrösel für die Form

Für den Rührteig

2 mittelgroße Äpfel (z. B. Cox Orange, Elstar)
225 g weiche Butter, plus etwas mehr für die Form
180 g Zucker
1 Prise Salz
Abrieb von ½ Bio-Zitrone
1 TL Vanilleextrakt
4 Eier (Größe M)
400 g Mehl
2 TL Backpulver
50 ml Milch
Puderzucker zum Bestäuben (nach Belieben)

Die Pekannüsse in einem Blitzhacker fein mahlen. Zimt und Zucker dazugeben und vermengen. Den Backofen auf 160 °C Umluft vorheizen. Eine Gugelhupfform fetten und mit Semmelbröseln ausstreuen.

Die Äpfel schälen, entkernen und reiben. Die Butter mit Zucker, Salz, Zitronenabrieb und Vanilleextrakt cremig rühren. Die Eier nach und nach dazugeben. Mehl und Backpulver mischen und abwechselnd mit der Milch unter die Butter-Zucker-Masse rühren. Die geriebenen Äpfel unterrühren.

Ein Viertel des Teigs in die Form füllen und glatt streichen. Ein Drittel der Nussmasse darüberstreuen, mit einem Viertel Teig bestreichen und erneut ein Drittel der Nussmasse auf den Teig streuen. Dieses Prozedere noch einmal wiederholen, mit dem restlichen Teig bestreichen. Im Ofen (unten) etwa 1 Stunde bis 1 Stunde 10 Minuten backen. Die Garprobe machen.

Den fertigen Kuchen aus dem Ofen nehmen, etwas abkühlen lassen und aus der Form stürzen. Auf einem Kuchengitter vollständig abkühlen lassen. Wer mag, bestäubt den Gugelhupf vor dem Servieren mit etwas Puderzucker.

Superschokoladig, supersaftig! Dieser Apfel-Brownie-Kuchen mit Zimt-Zucker-Mandeln hat alles, was einen guten Schokokuchen auszeichnet. Die säuerlichen Boskoop-Äpfel, die wir zum Backen verwendet haben, harmonieren toll zum Geschmack dunkler Schokolade.

Apfel-Brownie-Kuchen

Für 1 Springform (Ø 24 oder 26 cm)
Zubereitung: 25 Minuten
Backen: 50 Minuten

Für den Teig
200 g Butter, plus etwas mehr für die Form
Semmelbrösel für die Form
200 g Zartbitterschokolade
3–4 mittelgroße, säuerliche Äpfel (z. B. Boskoop)
3 Eier (Größe L)
200 g Zucker
130 g Mehl
30 g Kakaopulver
1 Prise Salz

Für die Mandeln
20 g Mandelblättchen
½ TL gemahlener Zimt
½ EL Zucker

Den Backofen auf 180 °C vorheizen. Boden und Ränder der Springform ausfetten und mit Semmelbröseln ausstreuen.

Die Butter in etwa 2 cm große Würfel schneiden. Die Schokolade grob hacken. Beides zusammen über dem Wasserbad langsam schmelzen. Vom Herd nehmen und auf Zimmertemperatur abkühlen lassen. Die Äpfel waschen, entkernen und in Spalten schneiden.

Die Eier zusammen mit dem Zucker in einer Rührschüssel hell-cremig aufschlagen, bis der Rührbesen Spuren hinterlässt. Die abgekühlte Schoko-Butter-Mischung dazugeben und mit einem Teigspatel vorsichtig unterziehen. Den Teig dabei nicht unnötig lange bearbeiten.

Mehl, Kakao und Salz in eine Schüssel sieben. Zügig unter den restlichen Teig heben. Dabei nur so lange rühren, bis gerade so ein Teig entsteht. In die vorbereitete Form füllen und mit den Apfelspalten belegen. Die Äpfel dabei leicht in den Teig drücken.

Im Ofen (Mitte) etwa 40–50 Minuten backen. Der Brownie sollte innen noch etwas feucht sein.

Inzwischen die Mandeln mit Zimt und Zucker vermengen und in einer Pfanne rösten, bis sie goldbraun sind und anfangen, zu karamellisieren.

Den Apfel-Brownie-Kuchen aus dem Ofen nehmen, mit den Mandeln bestreuen und servieren.

Filigrane Apfelrosen machen aus dieser Pie einen echten Hingucker. Das Formen der Rosen fordert etwas Geduld und Fingerspitzengefühl. Doch der Aufwand lohnt: Denn die Pie macht am Ende nicht nur optisch, sondern auch geschmacklich einiges her.

Apfelrosen-Pie

Ergibt 1 Pie (Ø 20 cm)
Zubereitung: 45 Minuten
Ruhen: 1 Stunde
Backen: 1 Stunde 5 Minuten

Für den Teig
135 g kalte Butter, plus etwas mehr für die Form
Semmelbrösel für die Form
180 g Mehl
¼ TL Salz
1 geh. EL Vollrohrzucker
½ TL Essig
1–2 EL Semmelbrösel
500 g Hülsenfrüchte zum Blindbacken

Für die Füllung
250 g Apfelbutter (siehe Seite 166; oder gesüßtes Apfelmus)
2 Eier (Größe L)
200 g Schlagsahne
1 EL Stärke

Für die Apfelrosen
4 mittelgroße rote Äpfel (z. B. Gala)
Saft von ½ Zitrone
100 g Zucker
etwas Puderzucker zum Bestäuben

Für den Teig die Butter in etwa 2 cm große Stücke schneiden und kalt stellen. Mehl, Salz und Zucker mischen. Die Butter zur Mehlmischung geben und rasch einarbeiten. 2 EL eiskaltes Wasser sowie Essig zum Teig geben und vermischen, bis die Teigkrümel beim Zusammendrücken zusammenhalten. Bei Bedarf weitere 1–2 EL eiskaltes Wasser dazugeben.

Den Teig auf der Arbeitsfläche nur kurz zu einer Kugel kneten. Es sollten noch einzelne Butterstückchen zu sehen sein. Zu einem flachen Ziegel formen, in Frischhaltefolie wickeln und mindestens 1 Stunde kalt stellen. Für die Füllung alle Zutaten verrühren. Den Backofen auf 200 °C vorheizen.

Den Teig auf der bemehlten Arbeitsfläche etwa 3–4 mm dick ausrollen und eine leicht gefettete und mit Semmelbröseln ausgestreute Pie-Form damit auskleiden. Den Teigrand gleichmäßig auf etwa 2 cm zurückschneiden. Mit den Fingern wellenförmig über den Rand der Form biegen. Den Boden mit einer Gabel mehrmals einstechen. Mit Backpapier belegen und mit den Hülsenfrüchten beschweren. 10–15 Minuten blindbacken. Herausnehmen, abkühlen lassen, Hülsenfrüchte sowie Backpapier entfernen. Beiseitestellen.

Für die Apfelrosen die Äpfel waschen, vierteln und entkernen. In hauchdünne Scheiben schneiden und mit Zitronensaft beträufeln. Zucker und 300 ml Wasser in einer Pfanne erhitzen, bis sich der Zucker aufgelöst hat. Die Apfelscheiben darin portionsweise andünsten, bis sie weich genug zum Rollen sind, aber nicht zerfallen. Apfelscheiben abschöpfen, abkühlen lassen. Bei Bedarf Wasser und Zucker ergänzen.

Die Füllung auf dem Pie-Boden verteilen. Die erste Apfelscheibe um den Finger wickeln, jeweils überlappend weitere Apfelscheiben aufwickeln, bis die Rose die gewünschte Größe erreicht hat. In die Füllung setzen. Den Vorgang wiederholen, bis die Pie mit Apfelrosen bedeckt ist.

Im vorgeheizten Ofen (Mitte) 10 Minuten backen, anschließend die Temperatur auf 180 °C reduzieren und weitere 35–40 Minuten backen. Herausnehmen, abkühlen lassen und mit Puderzucker bestäuben.

Versunkener Apfelkuchen mit Marzipan und Salzkaramell-Sauce

Für 1 Springform (Ø 24 cm)
Zubereitung: 40 Minuten
Backen: 1 Stunde

Für den Teig
etwas Semmelbrösel für die Form
150 g weiche Butter, plus etwas mehr für die Form
150 g Zucker
1½ TL Vanillezucker
Salz
2 Eier (Größe M), verquirlt
100 g Marzipanrohmasse
150 g griechischer Joghurt
250 g Mehl
1 TL Backpulver
2–3 EL Milch
ca. 3 süß-säuerliche Äpfel (z. B. Boskoop)
2–3 EL Mandelblättchen zum Bestreuen
Puderzucker zum Bestäuben

Für das Salzkaramell
130 g Zucker
200 g Schlagsahne
30 g Butter
1 TL Meersalz

Eine Springform fetten und mit Semmelbröseln ausstreuen. Für den Teig Butter, Zucker, Vanillezucker und 1 Prise Salz cremig rühren. Die Eier in zwei Teilen unterrühren. Das Marzipan grob raspeln. Zur Butter-Zucker-Ei-Masse geben und cremig schlagen. Den Joghurt dazugeben und kurz unterrühren.

Mehl, Backpulver und 1 Prise Salz mischen, darübersieben und unterrühren. Nach Bedarf Milch untermengen. Der Teig sollte zähflüssig vom Löffel tropfen. In die vorbereitete Form füllen und glatt streichen.

Die Äpfel schälen, vierteln und entkernen. Die Apfelviertel auf der runden Seite mehrmals ein-, aber nicht durchschneiden. Mit der runden Seite nach oben kreisförmig und dicht an dicht auf den Teig legen, leicht andrücken. Im vorgeheizten Ofen (Mitte) 1 Stunde backen, bis die Äpfel gar sind und der Teig durchgebacken ist. Wird der Kuchen zu schnell braun, mit Folie abdecken.

Inzwischen die Salzkaramell-Sauce zubereiten. Dazu den Zucker in einer Pfanne bei mittlerer Hitze langsam karamellisieren. Schlagsahne, Butter und Meersalz dazugeben. Bei niedriger Hitze so lange rühren, bis eine dickflüssige Sauce entsteht. Das Karamell dickt beim Abkühlen noch nach, die Sauce sollte am Ende deshalb nicht zu dickflüssig sein.

Den Apfelkuchen aus dem Ofen nehmen und abkühlen lassen. Aus der Form lösen, mit Mandelblättchen bestreuen und mit Puderzucker bestäuben. Zusammen mit der Sauce servieren. Übrig gebliebene Sauce kann gut verschlossen im Kühlschrank mehrere Tage aufbewahrt werden.

Torte mit Bratapfelfüllung

Für 1 Springform (Ø 16 cm)
Zubereitung: 1½ Stunden
Backen: 40 Minuten

Für den Biskuit
4 Eier (Größe M)
1 Prise Salz
90 g Zucker
1 TL Abrieb von 1 Bio-Zitrone
80 g Mehl
30 g Stärke
½ TL Backpulver

Für die Creme
140 g weiche Butter
100 g Puderzucker
300 g Frischkäse
500 g Quark (10 %)
2 EL Ahornsirup
½ TL gemahlener Zimt
1 Msp. gemahlener Ingwer
Abrieb von ½ Bio-Zitrone

Für die Bratapfelfüllung
70 g Mandelblättchen
2 Äpfel (z. B. Jonagold)
70 g Zucker
¼ Vanilleschote
½ TL gemahlener Zimt

Für die Dekoration
1 Apfel (z. B. Jonagold)
Zitronensaft
4 Zimtstangen
4 Sternanis
20 g Mandelkerne, grob gehackt
Ahornsirup

Backofen auf 180 °C vorheizen. Springform mit Backpapier auslegen. Die Eier trennen. Die Eiweiße mit Salz steif schlagen, die Hälfte des Zuckers einrieseln lassen. Die Eigelbe mit restlichem Zucker und Zitronenabrieb in etwa 4 Minuten zu einer hellcremigen Masse aufschlagen.

Mehl, Stärke und Backpulver mischen und sieben. Den Eischnee in zwei Portionen unter die Eigelbmasse heben. Das Mehl ebenfalls in zwei Portionen behutsam, aber zügig unterheben. In die Form füllen und im Ofen (Mitte) 30–40 Minuten backen. Herausnehmen, kurz abkühlen lassen und mit einem Messer vorsichtig aus der Form lösen. Auf einem Kuchengitter ganz abkühlen lassen und in drei gleich dicke Böden schneiden.

Für die Creme Butter und Puderzucker cremig aufschlagen. Nach und nach den Frischkäse unterrühren. Quark, Ahornsirup, Zimt, Ingwer und Zitronenabrieb dazugeben und alles kurz vermengen. Kalt stellen.

Für die Füllung die Mandelblättchen anrösten. Beiseitestellen. Die Äpfel schälen, entkernen und in kleine Würfel schneiden. Den Zucker mit 3 EL Wasser in einer Pfanne karamellisieren. Die Vanilleschote längs halbieren, das Mark auskratzen. Zusammen mit den Äpfeln und dem Zimt in die Pfanne geben und bei mittlerer Hitze so lange köcheln lassen, bis die Äpfel weich sind. Zuletzt die Mandelblättchen unterheben und beiseitestellen.

3–4 EL Creme abnehmen und beiseitestellen. Die restliche Creme in einen Spritzbeutel füllen. Auf zwei der drei Böden am Rand einen Ring aufspritzen. Bratapfelfüllung in der Mitte verteilen, etwas Creme auf die Füllung spritzen und glatt streichen. Die Böden auf einer Tortenplatte stapeln. Einen Teil der abgenommenen Creme auf dem Tortendeckel und den Rändern glatt verstreichen und die Torte 30 Minuten kalt stellen. Die restliche Creme auftragen und glatt streichen. Den Apfel für die Deko waschen, vierteln und entkernen. Acht dünne Scheiben abschneiden, mit Zitronensaft beträufeln und in einem Halbkreis auf die Torte legen. Mit Zimtstangen, Sternanis und gehackten Mandeln verzieren. Vor dem Servieren mit etwas Ahornsirup beträufeln.

Seinen Namen verdankt der Florentiner Apfelkuchen einer Schicht aus karamellisierten Mandeln, die an Florentiner Plätzchen angelehnt ist. Die Mandeln verleihen dem Kuchen eine besondere Note und harmonieren ideal mit Äpfeln, die ein ausgeglichenes Verhältnis von Süße und Säure aufweisen, wie Borsdorfer Renette, Jakob Lebel oder Boskoop.

Florentiner Apfelkuchen

Für 1 Springform (Ø 24 oder 26 cm)
Zubereitung: 25 Minuten
Backen: 55 Minuten

Für den Mürbeteig
150 g weiche Butter
75 g Puderzucker
1 Pck. Bourbon-Vanillezucker
1 Prise Salz
1 Ei (Größe M)
300 g Mehl

Für die Füllung
1 kg süß-säuerliche Äpfel (z. B. Borsdorfer Renette, Jakob Lebel, Boskoop)
Saft von ½ Zitrone
1 TL gemahlener Zimt
½ TL gemahlener Kardamom
1–2 EL Zucker (je nach Säure der Äpfel)

Für den Mandelguss
100 g Butter
100 g Zucker
1½ EL Mehl
6 EL Schlagsahne
190 g Mandelblättchen

Für den Mürbeteig die Butter mit Puderzucker, Vanillezucker und Salz mithilfe einer Küchenmaschine (mit Knethaken) kurz vermischen. Ei und Mehl dazugeben und die Masse so kurz wie möglich zu einem Teig zusammenkneten. Der Teig sollte sich gut vom Schüsselrand lösen und nicht zu klebrig sein. Mit den Händen auf einer leicht bemehlten Arbeitsfläche zu einem glatten Teig verkneten, zu einem flachen Ziegel formen, in Frischhaltefolie wickeln und mindestens 1 Stunde im Kühlschrank ruhen lassen.

Die Äpfel schälen, entkernen und achteln. In schmale Scheiben schneiden und in einer Schüssel mit Zitronensaft, Zimt, Kardamom und Zucker gut vermischen. Den Backofen auf 180 °C vorheizen.

Den Teig aus dem Kühlschrank nehmen und kurz warten, bis er sich gut ausrollen lässt. Auf einer bemehlten Arbeitsfläche etwa 2–3 mm dick ausrollen. Eine Springform damit auskleiden und mit den Fingern andrücken. Den Boden mit einer Gabel mehrmals einstechen. Kühl stellen.

Für den Guss Butter und Zucker in einem Topf erhitzen. Das Mehl einrühren und vom Herd nehmen. Schlagsahne und Mandelblättchen untermengen. Die Apfelfüllung auf dem Boden verteilen und mit dem Mandelguss bedecken. Im vorgeheizten Ofen 50–55 Minuten backen, bis die Mandeln goldbraun sind und leicht karamellisieren. Aus dem Ofen nehmen und vollständig abkühlen lassen.

Luftige Quarkmasse trifft auf Sahnecreme: Bei dieser einfach gemachten Apfeltorte bleiben keine Wünsche offen. Und für diese Torte muss man nicht mal einen Boden extra backen. Die Quarkmasse mit Grieß und Vanillepudding macht die Torte stabil und bildet den saftig-lockeren Tortenboden.

Apfel-Quark-Torte

Für 1 Springform (Ø 28 cm)
Zubereitung: 20 Minuten
Backen: 1½ Stunden

Für die Quarktorte
500 g Äpfel (z. B. Borsdorfer Renette, Boskoop)
1 Bio-Zitrone
125 g weiche Butter
250 g Zucker
1 Pck. Vanillezucker
5 Eier (Größe M)
150 g griechischer Joghurt
1 kg Quark (10 %)
2 EL Grieß
1 Pck. Vanillepudding-pulver

Für die Sahnecreme
400 g Schlagsahne
1 Pck. Vanillezucker
2 mittelgroße Äpfel
Saft von ½ Zitrone
50 g Haselnusskerne, grob gehackt

Die Äpfel schälen, entkernen und raspeln. Die Zitrone waschen, trocken reiben. Die Schale abreiben und den Saft auspressen. Saft und Schale mit den Äpfeln mischen.

Den Backofen auf 170 °C vorheizen. Den Boden einer Springform mit Backpapier belegen.

Butter, Zucker und Vanillezucker mit den Rührbesen des Handrührgeräts cremig rühren. Nach und nach die Eier dazugeben. Joghurt und Quark unterrühren, bis eine cremige Masse entsteht. Grieß und Vanillepuddingpulver mischen und unter die Quarkmasse rühren. Die geriebenen Äpfel dazugeben und unterheben.

Die Masse in die vorbereitete Form füllen, glatt streichen und im Ofen (Mitte) 1½ Stunden backen. Etwa 10 Minuten im ausgeschalteten, leicht geöffneten Ofen stehen lassen. Herausnehmen und auf einem Kuchengitter vollständig abkühlen lassen. Aus der Form lösen.

Für die Creme die Schlagsahne mit dem Vanillezucker steif schlagen. Einen Teil abnehmen, den Rest auf dem ausgekühlten Quarkkuchen verstreichen. Die restliche Schlagsahne in einen Spritzbeutel mit großer Sterntülle füllen und in zwölf Tupfen auf die Torte spritzen.

Kurz vor dem Servieren die Äpfel waschen, zwölf schmale Scheiben abschneiden und mit etwas Zitronensaft beträufeln, damit sie nicht braun werden. Je eine Scheibe in jeden Sahnetuff stecken. Mit Haselnüssen bestreuen und am besten gut gekühlt servieren.

Krapfen mit Apfelcreme und Vanillepudding

Ergibt ca. 12 Krapfen
Zubereitung: 50 Minuten
Gehzeit: 1½ Stunden

Für den Teig
200 ml Milch
450 g Mehl
½ Würfel Hefe (21 g)
1 TL + 50 g Zucker
80 g Butter
1 Prise Salz
1 Ei (Größe M)
1 TL Abrieb von 1 Bio-Orange
1 l Pflanzenfett zum Frittieren
Zucker zum Wälzen der Krapfen

Für die Apfelcreme
1 mittelgroßer Apfel
1 EL Zitronensaft
10 g Zucker
½ TL gemahlener Zimt
1 Msp. gemahlener Kardamom
2 TL Stärke

Für den Vanillepudding
⅓ Vanilleschote
200 ml Milch
30 g Zucker
15 g Stärke
1 Eigelb (Größe M)

Die Milch in einem kleinen Topf erwärmen. Das Mehl in eine Schüssel geben, mit der Hand eine Mulde formen. Die Hefe in die Mulde bröseln, 1 TL Zucker dazugeben und mit der Milch übergießen. Mit etwas Mehl von der Seite verquirlen, bis sich die Hefe aufgelöst hat. Abgedeckt etwa 15 Minuten ruhen lassen.

Die Butter zerlassen und abkühlen lassen. Mit restlichem Zucker, Salz, Ei und Orangenabrieb zur Hefe-Milch-Mischung geben. Alles zu einem glatten Teig kneten. Abgedeckt mindestens 1 Stunde gehen lassen.

Den Teig auf der bemehlten Arbeitsfläche 2–3 cm dick ausrollen, 7–8 cm große Kreise ausstechen. Mit etwas Abstand zueinander auf ein mit Backpapier ausgelegtes Blech setzen, zugedeckt weitere 30 Minuten ruhen lassen.

Für die Füllung den Apfel waschen, entkernen und fein hacken. Mit Zitronensaft, Zucker, Zimt, Kardamom und 250 ml Wasser in einen Topf etwa 10 Minuten bei mittlerer Hitze köcheln lassen. Die Stärke mit 2 EL Wasser glatt rühren. In den Topf geben, unter Rühren aufkochen und abkühlen lassen. Nach Belieben 2–3 EL für die Deko aufbewahren, den Rest glatt pürieren.

Für den Pudding die Vanilleschote auskratzen. Vanillemark, -schote und Milch in einen Topf geben. 2 EL Milch abschöpfen und mit Zucker und Stärke verrühren. Die Milch aufkochen, die Stärkemischung dazugeben und unter ständigem Rühren kurz aufkochen. Vom Herd nehmen, das Eigelb einrühren und abkühlen lassen.

Das Fett in einem Topf auf 170 °C erhitzen. Die Krapfen in das heiße Fett geben. Etwa 2–3 Minuten backen. Den Deckel abnehmen, die Krapfen umdrehen und weitere 2–3 Minuten backen. Aus dem Fett heben, auf Küchenpapier abtropfen lassen und noch heiß in Zucker wälzen. Mit einem Spritzbeutel mit langer schmaler Tülle zuerst mit Apfelfüllung, dann mit Vanillepudding füllen.

Dieses Rezept darf wohl in keinem Apfelbuch fehlen: Frittierte Apfelküchle mit Zimt und Zucker wecken in uns Kindheitserinnerungen. Unser Tipp: Eine alte, säuerliche Apfelsorte verwenden. Dann schmeckt's garantiert wie bei Oma.

Frittierte Apfelküchle mit Zimt und Zucker

Für 4 Personen
Zubereitung: 30 Minuten

Für die Apfelküchle
220 g Weizenmehl (Type 405) oder Dinkelmehl (Type 630)
2 Eier (Größe M)
2 Prisen Salz
150 g Zucker
200 ml Milch
2¼ TL gemahlener Zimt
4 Äpfel (z. B. Jakob Lebel, Altländer Pfannkuchenapfel, Boskoop)
Pflanzenöl zum Braten (je nach Pfanne ca. 200 ml)

Mehl, Eier, Salz, 50 g Zucker, Milch und ¼ TL Zimt zu einem glatten Teig verrühren. Die Äpfel waschen, die Kerngehäuse ausstechen und die Äpfel in 0,5–1 cm dicke Ringe schneiden.

In eine Pfanne etwa 1–1,5 cm hoch Öl einfüllen und erhitzen. Um herauszufinden, ob das Öl heiß genug ist, den Holzstiel eines Kochlöffels in das flüssige Fett halten. Die richtige Temperatur ist erreicht, wenn sich um das Holz herum kleine Bläschen bilden und nach oben steigen. Restlichen Zimt (2 TL) und restlichen Zucker (100 g) in einem Teller mischen.

Die Apfelringe im Teig wenden, kurz abtropfen lassen und von beiden Seiten im Öl goldbraun ausbacken. Anschließend im Zimtzucker wälzen. Noch warm und nach Belieben mit einer Portion Schlagsahne, Kompott oder Eis genießen.

Aus dem ersten Apple Cider des Jahres Donuts zu backen, hat in den USA Tradition. Der spritzige Apfelschaumwein wird im Topf aufgekocht und reduziert. Dadurch verfliegt der Alkohol im Getränk. Was am Ende übrig bleibt, sind lockere und saftige Donuts.

Apfel-Cider-Donuts

Ergibt ca. 12 Donuts
Zubereitung: 40 Minuten
Backen: 10 Minuten

Für die Donuts
350 ml Cider
250 g Mehl
1 TL Natron
¾ TL Backpulver
1 TL gemahlener Zimt
1 Msp. gemahlene Nelken
½ TL gemahlener Kardamom
1 Msp. gemahlener Ingwer
¼ TL Salz
1 Ei (Größe L)
60 g brauner Zucker
60 g Zucker
40 g weiche Butter, plus etwas mehr für die Form
½ TL Vanilleextrakt
100–120 ml Buttermilch

Für die Zuckerummantelung
85 g Butter
ca. 200 g Zucker
1½–2 TL gemahlener Zimt

Besondere Küchengeräte
Donutform

Den Cider in einem kleinen Topf zum Kochen bringen. Bei mittlerer Hitze 20–25 Minuten köcheln lassen und auf etwa 100 ml reduzieren. Vom Herd nehmen und abkühlen lassen.

Den Backofen auf 180 °C vorheizen. Die Mulden einer Donutform ausfetten. Beiseitestellen.

Mehl, Natron, Backpulver, Zimt, Nelken, Kardamom, Ingwer und Salz in einer Schüssel mischen.

Das Ei mit beiden Zuckersorten, Butter und Vanilleextrakt hellcremig aufschlagen. Den Cider kurz unterrühren. Abwechselnd Mehlmischung und Buttermilch dazugeben und alles zügig zu einer glatten Masse verrühren. Den Teig dabei nicht zu lange bearbeiten.

Den Teig in einen Einwegspritzbeutel füllen, die Spitze abschneiden. Die Donutmulden zu etwa zwei Dritteln befüllen. Im vorgeheizten Ofen (Mitte) etwa 10 Minuten backen. Die Garprobe machen. Aus dem Ofen nehmen, 5 Minuten abkühlen lassen und anschließend auf ein Kuchengitter stürzen. Vollständig abkühlen lassen.

Für die Ummantelung die Butter in einem kleinen Topf schmelzen. Zucker und Zimt in einer Schale mischen. Die Donuts zuerst in die Butter eintauchen, etwas abtropfen lassen und in der Zucker-Zimt-Mischung wenden. Am besten frisch gebacken genießen.

Außen knusprig und innen luftig-zart: So müssen perfekte Waffeln für uns sein. Durch Apfelmus im Teig wird das leckere Gebäck besonders saftig. Ein Bissen davon – und wir schweben im Foodhimmel.

Apfelmuswaffeln mit karamellisierten Äpfeln

Für 4 Personen
Zubereitung: 30 Minuten

Für die Waffeln
100 g weiche Butter
50 g Zucker
2 Eier (Größe M)
200 g Weizenmehl (Type 405) oder Dinkelmehl (Type 630)
1 Prise Salz
1 TL Backpulver
150 ml Milch
100 g Apfelmus (siehe Seite 174)
½ TL gemahlener Zimt
Öl zum Bepinseln

Für die Karamelläpfel
1 Apfel
15 g Butter
2 EL Zucker
4 EL Ahornsirup

Besondere Küchengeräte
Waffeleisen

Die Butter mit Zucker, Eiern, Mehl, Salz, Backpulver, Milch, Apfelmus und Zimt mit dem Schneebesen zu einem glatten Teig verrühren. Kurz quellen lassen. Inzwischen das Waffeleisen aufheizen.

Den Apfel waschen und in feine Ringe schneiden. Die Butter in einer Pfanne schmelzen. Die Apfelringe von beiden Seiten anrösten und mit Zucker bestreuen, karamellisieren lassen.

Das Waffeleisen mit etwas Öl bepinseln und die Waffeln goldbraun backen. Vor dem Servieren mit Apfelscheiben belegen und mit etwas Ahornsirup übergießen. Dazu passt Vanilleeis oder Schlagsahne.

Apfel-Zimt-Schnecken mit karamellisierten Sonnenblumenkernen

Ergibt 12–15 Schnecken
Zubereitung: 40 Minuten
Ruhen: 1 Stunde 45 Minuten
Backen: 20 Minuten

Für den Hefeteig
200 ml Milch
450 g Dinkelmehl (Type 630)
½ Würfel Hefe (21 g)
80 g Zucker
80 g Butter
1 Prise Salz
1 Ei (zimmerwarm)

Für die gerösteten Sonnenblumenkerne
100 g Sonnenblumenkerne
1 Eiweiß (Größe M)
60 g Zucker
1 TL gemahlener Zimt

Für die Füllung
3 große Äpfel
Saft von ½ Zitrone
80 g Butter
80 g Vollrohrzucker
1 TL gemahlener Zimt
½ TL gemahlener Kardamom

Für das Frosting
100 g Frischkäse
50 g weiche Butter
125 g Puderzucker
1 EL Milch

Die Milch lauwarm erhitzen, das Mehl in eine Schüssel geben und eine Mulde formen. Die Hefe in die Mulde bröseln, den Zucker dazugeben und mit der Milch übergießen. Mit etwas Mehl von der Seite verquirlen, bis sich die Hefe aufgelöst hat. Abgedeckt 15 Minuten gehen lassen.

Inzwischen die Butter zerlassen und handwarm abkühlen lassen. Mit Salz und Ei zur Hefe-Milch-Mischung geben und alles zu einem geschmeidigen Teig kneten. Abgedeckt 1 Stunde gehen lassen, bis sich das Volumen verdoppelt hat.

Inzwischen für die gerösteten Kerne den Backofen auf 180 °C Umluft vorheizen. Alle Zutaten mit 1 TL Wasser vermengen und auf einem mit Backpapier belegten Blech verstreichen. In 10–15 Minuten goldbraun backen. Immer wieder wenden. Herausnehmen und abkühlen lassen.

Für die Füllung die Äpfel wa-schen, entkernen, in etwa 5 mm große Würfel schneiden, mit Zitronensaft beträufeln. 1 EL Butter in einer Pfanne erhitzen, die Äpfel weich, aber nicht breiig braten. Entstandenen Sud abgießen. Die restliche Butter dazugeben und schmelzen lassen, vom Herd nehmen. Zucker, Zimt und Kardamom mischen und beiseitestellen.

Den Hefeteig auf einer bemehlten Arbeitsfläche zu einem 80 x 60 cm großen Rechteck ausrollen. Die Apfelmasse darauf verteilen, auf der oberen Längsseite einen etwa 10 cm breiten Rand lassen. Äpfel mit der Zimt-Zucker-Mischung bestreuen. Den oberen Teigrand mit etwas Wasser bepinseln, Hefeteig von der unteren Längsseite her aufrollen. Mit der Naht nach unten in 2–4 cm breite Stücke schneiden, mit der Schnittseite nach oben auf ein mit Backpapier belegtes Blech setzen. Abdecken und weitere 30 Minuten gehen lassen.

Den Backofen auf 180 °C vorheizen und die Schnecken etwa in 20 Minuten goldbraun backen.

Für das Frosting alle Zutaten verrühren und auf den Apfelschnecken verteilen. Mit Sonnenblumenkernen bestreuen.

Mit ihrer knusprigen Kruste und einer fluffig-weichen Krume schmecken diese Kartoffelbrötchen mit Äpfeln und Walnüssen wie vom Bäcker. Die Brötchen lassen sich auch mit wenig Backerfahrung gut zubereiten. Unser Tipp: Gleich eine große Portion backen und die Brötchen einfrieren.

Kartoffelbrötchen mit Äpfeln und Walnüssen

Ergibt 16 Brötchen
Zubereitung: 30 Minuten
Ruhen: 12 Stunden
Backen: 25 Minuten

Für die Brötchen
240 g mehligkochende Kartoffeln
660 g Weizenmehl (Type 405), plus etwas mehr zum Arbeiten
180 g Roggenvollkornmehl
2 Pck. Trockenhefe (14 g)
75 g Natursauerteig (erhältlich in gut sortierten Supermärkten oder im Bioladen)
10 g Salz
1 TL Zucker
2 EL Pflanzenöl
200 g Walnusskerne
1 großer Apfel (z. B. Berlepsch, Goldparmäne, Elstar, ca. 200 g)

Die Kartoffeln weich kochen, etwas abkühlen lassen, pellen und mit einer Kartoffelpresse oder einem Kartoffelstampfer fein zerdrücken. Mit beiden Mehlsorten, Hefe, Sauerteigstarter, Salz, Zucker, Öl und 300 ml Wasser in 10 Minuten zu einem glatten Teig verkneten. Den Teig in einer Schüssel bei Zimmertemperatur abgedeckt 8–12 Stunden (am besten über Nacht) ruhen lassen.

Die Walnüsse hacken. Den Apfel waschen, entkernen und würfeln. Den Teig auf einer gut bemehlten Arbeitsfläche durchkneten und Äpfel und Walnüsse einarbeiten. Den Teig länglich formen und in 16 gleich große Stücke schneiden. Die Teigstücke rund formen und mit einem scharfen Messer einschneiden. Abdecken und 30 Minuten bei Zimmertemperatur gehen lassen. Mit Mehl bestäuben.

Inzwischen den Ofen auf 230 °C vorheizen. Die Brötchen am besten auf einem Backstein backen, alternativ ein Backblech verwenden. Eine Fettpfanne oder ein tiefes Backblech zum Aufheizen mit in den Ofen schieben. Kurz vor dem Einschieben der Brötchen eine Tasse heißes Wasser (ca. 50 ml) behutsam in Pfanne oder Blech gießen, die Brötchen in den Ofen schieben und die Ofentüre sofort schließen, damit nicht zu viel Dampf entweicht. Die Brötchen im Ofen (Mitte) 20 Minuten backen. Blech bzw. Fettpfanne mit Wasser aus dem Ofen nehmen, den Dampf ablassen und die Brötchen in weiteren 5 Minuten knusprig backen. Für ein leckeres Frühstück empfehlen wir unser Apfel-Ingwer-Gelee (siehe Seite 177).

Feinporigkeit und eine angenehme Säure zeichnen dieses Roggenmischbrot aus. Es ist würzig und bleibt lange frisch, der Apfelessig im Teig intensiviert den typischen Geschmack von Sauerteigbroten. Keine Angst: Man schmeckt ihn nach dem Backen nicht heraus.

Roggenmischbrot mit Apfelessig

Ergibt 1 Brot
Zubereitung: 30 Minuten
Ruhen: 15 Stunden
Backen: 55 Minuten

Für den Sauerteig
250 g Roggenmehl (Type 1150)
30 g Natursauerteig (erhältlich in gut sortierten Supermärkten oder im Bioladen)

Für den Hefevorteig
120 g Weizenmehl (Type 1050)
2 g frische Hefe

Für den Hauptteig
300 g Roggenmehl (Type 1150), plus etwas mehr zum Kneten
15 g Salz
15 g frische Hefe
1 TL Brotgewürz
1 EL Apfelessig (siehe Seite 164)

Für den Sauerteig Mehl, 285 ml lauwarmes Wasser und Sauerteigstarter in einer Schüssel verrühren. Für den Hefevorteig Mehl, 120 ml Wasser und Hefe ebenfalls in einer Schüssel verrühren. Beide Vorteige zugedeckt über Nacht bei Zimmertemperatur ruhen lassen.

Am nächsten Tag die Zutaten für den Hauptteig mit 60 ml Wasser, Sauerteig sowie Hefevorteig in einer Rührschüssel vermengen und 10 Minuten kneten. Den Teig auf einer reichlich bemehlten Arbeitsfläche rund wirken. Mit Schluss nach unten in einem Gärkorb oder einer mit einem bemehlten Baumwolltuch ausgelegten Schüssel 1 Stunde bei Zimmertemperatur gehen lassen.

Den Backofen auf 250 °C vorheizen. Das Brot am besten auf einem Backstein backen, alternativ ein Backblech verwenden. Eine Fettpfanne oder ein tiefes Backblech zum Aufheizen mit in den Ofen schieben. Kurz vor dem Einschieben des Brots eine Tasse heißes Wasser (ca. 50 ml) in Pfanne oder Blech gießen (Vorsicht, Verbrühungsgefahr!), das Brot auf Backblech oder Backstein stürzen und die Ofentüre sofort schließen, damit nicht zu viel Dampf entweicht. Das Brot 15 Minuten bei 250 °C backen, die Ofentüre öffnen, um den Dampf abzulassen, und das Brot anschließend weitere 40 Minuten ohne Dampf bei 180 °C backen. Nach dem Backen 1–2 Stunden ruhen lassen.

DESSERTS, KLEINIGKEITEN & GETRÄNKE

Apfel-Sauerrahm-Eis mit Thymian und Amarettinibröseln

Für 4 Personen
Zubereitung: 30 Minuten

Für das Sauerrahm-Eis
50 g säuerlicher Apfel
300 g saure Sahne
200 g Schlagsahne
75 g Zucker
1 Limette
2 Zweige Thymian
1 EL Calvados
5–6 Amarettini, zerbröselt
½ Apfel, fein gewürfelt

Den Apfel waschen, entkernen und etwa 50 g Apfel mit der Raspel reiben. Saure Sahne und Schlagsahne in einer Schüssel mit dem geriebenen Apfel und dem Zucker mischen. Die Limette auspressen und den Saft zur Schlagsahne geben. Den Thymian waschen, trocken schütteln und die Blättchen abzupfen, ein paar für die Deko beiseitelegen. Thymian und Calvados unter die Eismasse rühren. In die Eismaschine geben und so lange gefrieren lassen, bis die gewünschte Konsistenz erreicht ist. Vor dem Servieren mit Amarettinibröseln, Thymianblättchen und Apfelwürfeln bestreuen.

Ohne Eismaschine die Masse in eine flache Form füllen, abdecken und in den Gefrierschrank stellen, bis die Masse am Rand einige Zentimeter gefroren ist. Je nach Größe des Behälters und der Leistung des Tiefkühlers kann das 60–90 Minuten dauern. Das Eis aus dem Gefrierschrank nehmen und mit einem Schneebesen kräftig durchrühren, gefrorenes Eis dabei vom Rand lösen. Für eine geschmeidige Masse Luft unterschlagen. Wieder in den Tiefkühler stellen und den Vorgang in kürzeren Abständen zwei- bis dreimal wiederholen, bis das Eis die gewünschte Konsistenz hat.

Apfelmousse mit Schoko-Crumble

Ergibt 6 Gläser à 200 ml
Zubereitung: 30 Minuten

Für die Mousse
3 süßliche Äpfel (z. B. Gala, Golden Delicious)
2 Blättchen Salbei
200 ml Apfelsaft
1 EL Honig
6 Blatt Gelatine
300 g Schlagsahne

Für den Crumble
3 EL Kakaopulver
40 g gemahlene Mandeln
90 g Mehl
70 g Zucker
1 Prise Salz
70 g kalte Butter in Stücken

Für die Apfelmousse die Äpfel waschen, entkernen und grob würfeln. Den Salbei waschen, trocken schütteln und fein hacken. Zusammen mit Äpfeln, Apfelsaft und Honig in einen Topf geben und unter Rühren aufkochen. 10–15 Minuten köcheln lassen, bis die Äpfel weich sind und die Flüssigkeit etwas eingekocht ist. Vom Herd nehmen und pürieren.

Die Gelatine in kaltem Wasser einweichen, ausdrücken und unter die noch heiße Apfelmasse rühren. Abkühlen lassen, dabei gelegentlich umrühren.

Die Schlagsahne steif schlagen und unter die abgekühlte Apfelmasse ziehen. In Gläser abfüllen und 2–3 Stunden im Kühlschrank fest werden lassen.

Für den Crumble den Backofen auf 180 °C Umluft vorheizen. Kakaopulver, Mandeln, Mehl, Zucker, Salz und Butter in einer Schüssel mischen und mit den Händen zu Streuseln verkneten. Auf einem mit Backpapier ausgelegten Blech verteilen und 8–10 Minuten backen. Abkühlen lassen und auf der Mousse verteilen.

Sorbet ist die ursprünglichste Form des Eises und geht bis in die Antike zurück. Für ein klassisches Sorbet wird neben Fruchtsaft lediglich Wasser und Zucker verwendet. Wir haben uns für einen Granny-Smith-Apfel als Basis entschieden, der dem Eis eine intensive säuerliche und frische Note verleiht.

Apfelsorbet

Für 4 Personen
Zubereitung: 1 Stunde

Für das Sorbet
1 Apfel (Granny Smith, ca. 250 g)
1 Zitrone
100 g Zucker

Für das Sorbet den Apfel waschen, vierteln und entkernen. In grobe Würfel schneiden und in einen Blitzhacker oder Standmixer geben. Die Zitrone auspressen. Den Saft mit Zucker und 200 ml Wasser zu den Äpfeln geben. So lange pürieren, bis eine homogene Masse entsteht. In die Eismaschine füllen und so lange kühlen, bis das Sorbet die gewünschte Konsistenz hat.

Tipp: Ohne Eismaschine die Masse in eine flache Form füllen, abdecken und in den Gefrierschrank stellen, bis die Masse am Rand einige Zentimeter gefroren ist. Je nach Größe des Behälters und der Leistung des Tiefkühlers kann das 60–90 Minuten dauern.

Das Eis aus dem Gefrierschrank nehmen und mit einem Schneebesen kräftig durchrühren, gefrorenes Eis dabei vom Rand lösen. Für eine geschmeidige Masse Luft unterschlagen. Wieder in den Tiefkühler stellen und den Vorgang in kürzeren Abständen zwei- bis dreimal wiederholen, bis das Sorbet die gewünschte Konsistenz hat.

Fruchtig, süß und cremig – so lieben nicht nur die Engländer, sondern auch wir unser Trifle. Das Schichtdessert besteht aus drei Komponenten: Klassisch sind Creme, Biskuit und Obst. Wir schichten Apfelkompott auf in Cidre getränkte Löffelbiskuits und eine Quark-Sahne-Creme.

Apfel-Trifle

Für 4 Personen
Zubereitung: 40 Minuten

Für das Apfelkompott
700 g Äpfel (z. B. Boskoop, Cox Orange)
1 Vanilleschote
150 ml Cidre
1 Zimtstange
1–2 EL Honig
1 TL gemahlener Zimt
½ TL gemahlener Kardamom

Für die Creme
8 Löffelbiskuits
6–7 EL Cidre
250 g Schlagsahne
375 g Quark (10 %)
40 g Zucker
Apfelchips (siehe Seite 170) zum Anrichten
Apfel-Zimt-Granola (siehe Seite 169) zum Anrichten

Für das Kompott die Äpfel schälen, vierteln, entkernen und würfeln. Die Vanilleschote längs halbieren, das Mark auskratzen. Mark und Schote zusammen mit Äpfeln, Cidre, Zimtstange, Honig, gemahlenem Zimt und Kardamom in einen Topf geben. Kurz aufkochen und bei mittlerer Hitze so lange köcheln lassen, bis die Äpfel weich sind, aber nicht zerkocht. Vom Herd nehmen, Vanilleschote und Zimtstange entfernen und abkühlen lassen.

Die Löffelbiskuits halbieren und mit dem Cidre beträufeln. Für die Creme die Schlagsahne halbsteif schlagen. Quark und Zucker gut verrühren. Die Schlagsahne unterheben.

Creme, Löffelbiskuits und Apfelkompott abwechselnd in Gläser schichten. Mindestens 2 Stunden kalt stellen. Zum Servieren mit Apfelchips und Granola dekorieren.

Die fruchtig-süßen Jahrmarkt-Leckerbissen lassen sich zu Hause einfach herstellen. Aufgespießt auf echte Zweige werden die Äpfel zum appetitlichen Hingucker.

Karamelläpfel

Für 4 Personen
Zubereitung: 30 Minuten

Für die Äpfel
je 2 EL gehackte Nüsse, Kokosflocken, Haselnusskrokant oder Schokostreusel
4 säuerliche Äpfel (z. B. Cox Orange, Boskoop)
200 g brauner Zucker
30 g Butter
4 Holzspieße oder kurze, gesäuberte Naturzweige

Toppings nach Wahl in Schälchen füllen und bereitstellen. Die Äpfel heiß waschen und gründlich trocken reiben. Die Apfelstiele entfernen und vier Holzspieße oder Naturzweige bis zur Hälfte in die Äpfel stecken.

Zucker und 200 ml Wasser in eine Pfanne füllen und bei mittlerer Hitze kochen, bis sich der Zucker auflöst. Die Butter dazugeben und so lange aufkochen, bis die Masse karamellisiert. Um zu testen, ob das Karamell die richtige Konsistenz erreicht hat, etwas Karamell in ein Glas mit Wasser geben. Es sollte sofort hart werden. Die Pfanne vom Herd nehmen und das Karamell in eine Schüssel umfüllen.

Die Äpfel vorsichtig einzeln in die noch heiße Masse tauchen, dabei drehen, damit sie von allen Seiten gut überzogen sind. Das Karamell durch Drehen der Äpfel abtropfen lassen. Die Äpfel auf Backpapier stellen und etwas abkühlen lassen. Dann nacheinander in die Toppings tauchen, solange das Karamell noch weich ist. Erneut auf Backpapier stellen und fest werden lassen.

Der Duft von frisch gebackenen Bratäpfeln versüßt uns die Vorweihnachtszeit. Gefüllt wird das Obst ganz traditionell mit Marzipan und Rosinen. Ein Haferflocken-Crumble als Topping sorgt für leckeren Crunch. Wer mag, kann Vanillesauce oder Eis dazu servieren.

Bratäpfel mit Marzipanfüllung und Haferflocken-Crumble

Für 4 Personen
Zubereitung: 15 Minuten
Backen: 30 Minuten

Für den Haferflocken-Crumble
20 g Haselnusskerne
40 g zarte Haferflocken
35 g Vollrohrzucker
½ TL gemahlener Zimt
30 g Dinkelmehl (Type 630)
40 g weiche Butter

Für die Bratäpfel
4 große festfleischige Äpfel (z. B. Cox Orange, Boskoop, Berlepsch, Gravensteiner, Jonagold)
50 g Marzipanrohmasse
30 g Rosinen

Für den Crumble alle Zutaten in einer Schüssel mischen und mit den Händen zu Streuseln verarbeiten. Kühl stellen. Den Backofen auf 175 °C Umluft vorheizen.

Die Äpfel waschen und die Deckel abschneiden. Die Kerngehäuse großzügig ausstechen. Die Äpfel in eine Auflaufform setzen. Das Marzipan in zwölf gleich große Stücke schneiden. In jede Apfelöffnung drei Marzipanstückchen und etwa 1 TL Rosinen drücken. Den Crumble großzügig auf den Äpfeln verteilen. Im Ofen (Mitte) je nach Apfelsorte 25–30 Minuten backen.

Naschen ohne schlechtes Gewissen. Diese leckeren Apfelbällchen sind ein gesunder und leckerer Snack. Durch Zimt und etwas Muskatnuss in der Masse erinnern sie ein wenig an Apple Pie. Am besten schmecken die Energy-Balls gut gekühlt.

Apple-Pie-Energy-Balls

Ergibt 15 Stück
Zubereitung: 15 Minuten

Für die Energy-Balls
1 mittelgroßer süßlicher Apfel (z. B. Jonagold, Gala, Golden Delicious)
10 getrocknete Datteln (65 g)
1 Handvoll getrocknete Apfelringe (50 g)
60 g Mandelkerne
1 TL gemahlener Zimt
frisch geriebene Muskatnuss
2 EL Mandelmus
1 EL Kokosöl
50 g zarte Haferflocken
1–2 EL gemahlene Mandeln zum Wälzen

Für die Energy-Balls den Apfel waschen, entkernen und in Stücke schneiden. Alle Zutaten bis auf die gemahlenen Mandeln in einen Blitzhacker geben. So lange mixen, bis eine klebrige Masse entsteht. Je 1 EL der Masse mit feuchten Händen zu einer Kugel rollen.

Die gemahlenen Mandeln in eine Schüssel geben und die Bällchen darin wälzen. Im Kühlschrank aufbewahren.

Wer gerne nascht, aber nicht immer zu Schokolade oder Gummitieren greifen möchte, für den sind unsere Müsliriegel mit Apfelmus und Honig eine gesunde Alternative. Sie sind schnell zubereitet und lassen sich, luftdicht verpackt, mehrere Tage aufbewahren.

Apfel-Müsliriegel

Für eine 20 x 30 cm große Form
Zubereitung: 15 Minuten
Backen: 35 Minuten

Für die Müsliriegel
1½–2 süßliche Äpfel (z. B. Jonagold, Elstar)
50 g Butter
3 EL Honig
50 g Apfelmark oder ungesüßtes Apfelmus (siehe Seite 174)
180 g zarte Haferflocken
1 TL gemahlener Zimt
¼ TL gemahlener Kardamom
1 Prise Salz

Den Backofen auf 180 °C Umluft vorheizen. Die Form mit Backpapier auslegen.

Die Äpfel waschen. Einen Apfel raspeln, den übrigen Apfel bzw. die übrige Apfelhälfte in dünne Scheiben schneiden.

Die Butter in einem kleinen Topf bei mittlerer Hitze zerlassen. Den Honig unterrühren und vom Herd nehmen. Geriebenen Apfel, Apfelmark, Haferflocken, Zimt, Kardamom und Salz dazugeben und miteinander verrühren. In die Form füllen und mit einem Löffelrücken gut festdrücken. Mit den Apfelscheiben belegen, dabei die Scheiben mit den Fingern etwas in die Masse drücken.

Im Ofen (Mitte) 30–35 Minuten backen, bis die Masse goldbraun ist. Aus dem Ofen nehmen, 15 Minuten abkühlen lassen und aus der Form heben. Mit einem scharfen Messer in gleich große Riegel schneiden. Luftdicht verpackt können die Riegel bis zu 4 Tage aufbewahrt werden.

Moscow Mule gehört zu unseren liebsten Cocktails. Im Original wird er aus Wodka, Ingwerbier und Limettensaft gemixt. In unserer Variante sorgen Cider, Apfelscheiben und etwas Zimt für eine fruchtige Note.

Apfel-Cider-Moscow-Mule

Für 4 Personen
Zubereitung: 10 Minuten

Für den Moscow Mule
4 Zweige Rosmarin
2 Limetten
Eiswürfel
300 ml Cider
500 ml Gingerbeer
24 cl Wodka
1 Msp. gemahlener Zimt
Apfelscheiben zum Anrichten
4 Zimtstangen zum Anrichten

Den Rosmarin waschen und trocken schütteln. Die Limetten halbieren. Eiswürfel auf die Becher verteilen und jeweils den Saft von ½ Limette hineinpressen.

Cider, Gingerbeer, Wodka und Zimt mischen. Auf die Becher verteilen und kräftig umrühren. Mit jeweils einem Zweig Rosmarin, Apfelscheiben und einer Zimtstange garnieren.

Als erfrischende Begrüßung für die nächste Party kommt dieser Apfel-Ingwer-Spritz gerade recht. Der im Getränk enthaltene Ingwersirup lässt sich gut vorbereiten und wird kurz vor der Feier mit Prosecco, Apfelsaft und etwas Mineralwasser aufgegossen.

Apfel-Ingwer-Spritz

Für 4 Personen
Zubereitung: 15 Minuten

Für den Ingwersirup
25 g Ingwer
1 Zweig Rosmarin
100 g Zucker

Für den Spritz
1 Bio-Zitrone
½ Apfel
Eiswürfel
750 ml Prosecco
200 ml Apfelsaft
Mineralwasser zum Aufgießen
Rosmarin zum Anrichten (nach Belieben)

Für den Sirup den Ingwer schälen und fein reiben. Den Rosmarin waschen und trocken schütteln. Ingwer, Rosmarin, Zucker und 100 ml Wasser in einen Topf geben und in 5–10 Minuten zu einem dickflüssigen Sirup einköcheln lassen. Vom Herd nehmen und abkühlen lassen.

Zitrone und Apfel waschen, trocken reiben und jeweils vier dünne Scheiben abschneiden. Die Apfelscheiben mit etwas Zitronensaft beträufeln. Eiswürfel auf vier Wein- oder Cocktailgläser verteilen, den Sirup daraufgießen. Prosecco und Apfelsaft auf die Gläser verteilen und die Gläser nach Belieben mit Mineralwasser aufgießen. Apfel- und Zitronenscheiben dazugeben, nach Belieben mit Rosmarin garnieren und servieren.

Wer gestärkt in den Tag starten möchte, dem empfehlen wir unseren Apfel-Spinat-Smoothie. Das Mixgetränk enthält nicht nur eine große Portion Vitamin C, sondern auch Betacarotin, das im Körper zu Vitamin A umgewandelt wird. Vitamin A ist unter anderem wichtig für Augen, Haut, Knochen und Zähne.

Apfel-Spinat-Smoothie

Ergibt etwa 4 Gläser
Zubereitung: 10 Minuten

Für den Smoothie
3 säuerliche Äpfel (z. B. Granny Smith)
1 reife Mango
1 Handvoll Spinat
Apfelscheiben zum Anrichten

Für den Smoothie die Äpfel waschen, achteln und entkernen. Die Mango schälen, vom Kern schneiden und das Fruchtfleisch grob würfeln. Den Spinat waschen und trocken schütteln. Alle Zutaten sowie 130 ml Wasser in einen Hochleistungsmixer füllen und so lange pürieren, bis der Smoothie eine sämige Konsistenz hat. Bei Bedarf noch etwas Wasser dazugeben.

In Indien wird der Joghurtdrink Lassi zu beinahe jedem Essen gereicht und soll die Schärfe der Speisen abmildern. Während traditionell die Mango dem Lassi eine fruchtige Note verleiht, verwenden wir eine Kombination aus heimischen Äpfeln und Minze.

Apfel-Minz-Lassi

Ergibt etwa 4 Gläser
Zubereitung: 10 Minuten

Für den Apfel-Minz-Lassi
2 große süß-säuerliche Äpfel (z. B. Berlepsch, Danziger Kantapfel, Elstar)
2 Stängel Minze, plus mehr zum Anrichten (nach Belieben)
1 Handvoll Spinat
2 EL Zucker
300 g Joghurt

Für den Lassi die Äpfel waschen, achteln und entkernen. Minze und Spinat waschen und trocken schütteln. Die Minzeblätter abzupfen. Mit 300 ml Wasser, Zucker und Joghurt in einen Mixbecher füllen und so lange pürieren, bis der Lassi eine cremige Konsistenz hat.

In Gläser füllen und nach Belieben mit je einem Minzestängel dekorieren.

Wenn sich im Winter der erste Frost auf Felder und Wiesen legt und die letzten Blätter von den Bäumen gefallen sind, machen wir es uns zu Hause gerne mit einer Tasse Apfelpunsch gemütlich. Der Punsch ist nicht zu süß und wärmt, ganz ohne Alkohol, von innen.

Apfelpunsch

Für 4 Personen
Zubereitung: 15 Minuten

Für den Punsch
50 g Cranberrys
1 Bio-Zitrone
1 Apfel (z. B. Golden Delicious, Elstar)
450 ml Apfelsaft
150 ml Cranberrysaft
2 Zimtstangen
3 Beutel Apfeltee (oder 650 ml selbst gemachter Apfeltee, siehe Seite 160)

Cranberrys, Zitrone und Apfel waschen. Die Zitrone in Scheiben schneiden, den Apfel entkernen und in kleine Stücke schneiden, die Cranberrys halbieren. Zusammen mit Apfel- und Cranberrysaft sowie 650 ml Wasser in einen großen Topf geben. Zimtstangen und Teebeutel dazugeben, aufkochen und etwa 10 Minuten ziehen lassen. In Gläser umfüllen und heiß servieren.

An Apple(tea) a day keeps the doctor away: Mit mehr als 70 Vitaminen, Nährstoffen und Spurenelementen gilt der Apfel als gesundes Obst, das bei Erkältungen hilft. Der im Tee enthaltene Mineralstoff Kalium sorgt zudem dafür, bei Erschöpfung wieder auf die Beine zu kommen.

Apfel-Anis-Minz-Tee

Ergibt 1 Kanne
Zubereitung: 20 Minuten

Für den Tee
4 Stängel Minze
25 g getrocknete Apfelringe (siehe Seite 170)
2 Sternanis

Die Minze waschen und trocken schütteln. Zusammen mit den Apfelringen und dem Sternanis in eine Teekanne geben. Mit 1 l kochendem Wasser übergießen. Den Tee 10–15 Minuten ziehen lassen, abgießen und genießen.

VORRÄTE

Selbst gemachter Apfelessig

Ergibt 1,5 l
Zubereitung: 10 Minuten
Ruhen: 6–8 Wochen

Für den Essig
- 1 kg Bio-Äpfel bzw. Bio-Apfelreste (Schalen und Kerngehäuse)
- 2 EL Zucker

Die Apfelreste in ein großes steriles Gefäß (2 l) geben. Darauf achten, keine gammeligen Äpfel zu verwenden. Ansonsten besteht die Gefahr, dass der Essig kippt. Wer ganze Äpfel verwendet, wäscht diese, schneidet sie in Stücke und gibt sie in das Gefäß. Pro Kilo Apfelreste 2 EL Zucker dazugeben. Mit so viel Wasser auffüllen, dass alles gut bedeckt ist. Das Gefäß anschließend mit einem sauberen Tuch abdecken, sodass zwar Luft hinein gelangt, das Apfel-Wasser-Gemisch aber vor schädlichen Keimen geschützt ist.

An einen warmen Ort (am besten ca. 25 °C) stellen und gären lassen. Durch die einsetzende Gärung entsteht ein Schaum, der zeigt, dass alles gut verläuft. Zu Beginn schwimmen die Apfelstücke an der Oberfläche. Damit sie nicht schimmeln, ab und zu mit einem sauberen Löffel umrühren. Nach rund 14 Tagen sinken die Apfelstücke zu Boden und es entwickelt sich ein leichter Essiggeruch. Das bedeutet, dass der Essigansatz bereit für die Feingärung ist. Je mehr Zucker der Apfel enthält, desto kürzer dauert das erste Anstellen des Essigs. Zucker, der zu Beginn der Gärung zugegeben wird, beschleunigt den Prozess.

Für die Feingärung den Essigansatz durch ein Tuch filtern und erneut in ein steriles Gefäß füllen. Anschließend mit einem Tuch abdecken. Die Feingärung dauert zwischen 4 und 6 Wochen, in denen sich ein immer stärkerer Essiggeruch entwickelt und die Flüssigkeit eintrübt.
In dieser Zeit sollte der Essig immer wieder probiert werden, um zu schauen, wann er dem eigenen Geschmackswunsch entspricht. Sobald das der Fall ist, kann der Apfelessig durch ein Sieb gefiltert und in sterile Flaschen abgefüllt werden.

Tipp: Während der Gärung entstehen in der Flüssigkeit Schlieren, die später fest und gallertartig werden. Diese sogenannte Essigmutter ist eine Kultur aus Essigsäurebakterien. Werfen Sie sie nicht weg, sondern geben Sie diese beim nächsten Ansatz dazu: Sie beschleunigt den Herstellungsprozess.

Aus Apfelresten, die beim Kochen oder Backen angefallen sind, lässt sich mit etwas Geduld Apfelessig herstellen. Je nachdem, wie hoch der Zuckergehalt der verwendeten Äpfel ist, dauert es zwischen sechs und acht Wochen, bis der selbst gemachte Essig abgefüllt werden kann. Das Warten lohnt sich: Der Essig ist garantiert frei von Zusätzen und beinhaltet durch den Apfel viele gesunde Nährstoffe.

Mit klassischer Butter hat dieses aus Äpfeln hergestellte Mus nichts gemein. Bei der in den USA beliebten Apfelbutter handelt es sich vielmehr um sehr stark eingekochtes Apfelmus. Die Äpfel werden dabei so lange bei niedriger Temperatur gekocht, bis der darin enthaltene Zucker karamellisiert. Ihr süßer und würziger Geschmack harmoniert sehr gut mit Schweinefleisch, schmeckt aber auch prima als Brotaufstrich, im Joghurt oder zu Waffeln, Pfannkuchen und Co. Je nach Apfelsorte und persönlichem Geschmack kann etwas mehr oder weniger Zucker verwendet werden.

Apfelbutter

Ergibt etwa 5 Gläser à 200 ml
Zubereitung: ca. 2 Stunden

Für die Apfelbutter
1,5 kg säuerliche Äpfel (z. B. Boskoop)
500 g süßliche Äpfel (z. B. Jonagold)
150 g brauner Zucker
3 Zimtstangen
1 TL Gewürznelken
1 Vanilleschote

Die Äpfel schälen, entkernen und grob würfeln. Zusammen mit 500 ml Wasser in einem Topf kurz aufkochen lassen. Zugedeckt so lange auf mittlerer Stufe köcheln lassen, bis die Äpfel weich sind. Regelmäßig umrühren. Die weich gekochten Äpfel passieren oder pürieren und zurück in den Topf geben.

Zucker, Zimtstangen und Nelken dazugeben und unterrühren. Die Vanilleschote der Länge nach aufschneiden. Das Mark mit dem Messerrücken herauskratzen und zusammen mit der Schote zum Mus geben. Zugedeckt 3–4 Stunden bei schwacher Hitze köcheln lassen. Gelegentlich umrühren.

Die Farbe des Muses wird mit der Zeit immer dunkler, der Zucker karamellisiert und das Mus wird dickflüssiger. Den Deckel abnehmen und das Mus weitere 50–60 Minuten köcheln lassen.

Die Gewürze entfernen und die Apfelbutter heiß in saubere Gläser abfüllen. Fest verschließen, umdrehen und etwa 5 Minuten auf dem Deckel stehen lassen. Erneut umdrehen und abkühlen lassen.

Tipp: Apfelschalen und Kerngehäuse nicht wegwerfen, sondern einen Apfelessig damit ansetzen (siehe Seite 164).

Ob im Müsli oder als Topping für leckere Desserts: Wir lieben Granola. Das Schöne an diesem Rezept ist, dass es ohne industriell verarbeiteten Zucker auskommt. Wer mag, kann das Müsli nach seinen persönlichen Vorlieben abwandeln und Flocken, Nüsse oder Trockenobst austauschen oder ergänzen.

Apfel-Zimt-Granola

Ergibt 1 Blech
Zubereitung: 5 Minuten
Backen: 40 Minuten

Für das Granola
200 g kernige Haferflocken
100 g Dinkelflocken
50 g Hirseflocken
20 g Pekannüsse
30 g Chiasamen
30 g Kürbiskerne
20 g Sesam
½–1 TL gemahlener Zimt
½ TL gemahlener Kardamom
75 ml neutrales Pflanzenöl
200 g Apfelmark oder ungesüßtes Apfelmus (siehe Seite 174)
75 ml Ahornsirup
100 g getrocknete Apfelscheiben (siehe Seite 170)

Den Backofen auf 150 °C Umluft vorheizen. Alle trockenen Zutaten bis auf die Apfelscheiben in einer Schüssel mischen. Öl, Apfelmark und Ahornsirup dazugeben und alles gründlich vermengen.

Gleichmäßig auf einem mit Backpapier belegten Blech verteilen. 35–40 Minuten backen, bis sich die Mischung trocken anfühlt und goldbraun färbt. Etwa alle 10 Minuten wenden. Aus dem Ofen nehmen, abkühlen lassen und die Apfelscheiben dazugeben. Wer mag, kann die Scheiben zuvor etwas zerkleinern. Luftdicht verpacken und innerhalb weniger Wochen verbrauchen.

Äpfel in dünne Scheiben schneiden – und ab damit in den Ofen. Selbst gemachte Apfelchips sind ein gesunder Snack, für den zwar etwas Zeit, aber wenig Aufwand vonnöten ist. Für die getrockneten Scheiben verwenden wir gerne verschiedene Apfelsorten. Je schmackhafter diese sind, desto aromatischer sind später auch die Apfelringe.

Apfelchips aus dem Backofen

Ergibt ca. 50 g
Zubereitung: 10 Minuten
Trocknen: 4 Stunden

Für die Apfelchips
Saft von ½ Zitrone
ca. 3 mittelgroße Äpfel (z. B. Gravensteiner, Berlepsch, Danziger Kantapfel, Elstar, Jonagold)

Den Backofen auf 80 °C Umluft vorheizen. Den Zitronensaft mit reichlich Wasser in einer Schale mischen.

Die Äpfel waschen, die Kerngehäuse nach Belieben mit einem Apfelausstecher entfernen. Die Äpfel in 2–3 mm dicke Scheiben schneiden oder hobeln. In das Zitronenwasser legen, bis alle Äpfel geschnitten sind.

Zwei Backbleche mit Backpapier belegen. Die Äpfel aus dem Zitronenwasser nehmen und trocken tupfen. Nebeneinander (nicht überlappend) auf den Blechen verteilen. In den Ofen schieben und etwa 4 Stunden trocknen lassen.

Dabei einen Holzlöffel in die Ofentür klemmen, damit die Feuchtigkeit entweichen kann. Die Bleche regelmäßig im Ofen rotieren. Je nach Apfelsorte und -größe kann die Backzeit variieren. Zum Test einen Apfelchip aus dem Ofen nehmen und abkühlen lassen. Ist er noch zu weich, die Apfelchips weiter trocknen lassen.

Die fertigen Apfelchips luftdicht verpackt an einem trockenen, kühlen und dunklen Ort lagern. So halten sie sich einige Monate.

Als Kinder liebten wir den Geruch von frisch gekochtem Apfelmus. Wie eine wohlig-warme Decke legte sich der Duft von Äpfeln, Zimt, Vanille oder Kardamom über alle Zimmer. Auch heute noch löffeln wir am liebsten selbst gekochtes Mus, das ohne Industriezucker auskommt. Je nach bevorzugter Süße können säuerliche oder süßliche Apfelsorten verwendet werden. Wir favorisieren eine Mischung aus säuerlichem Boskoop und süßerem Jonagold.

Apfelmus

Ergibt 2 Gläser à 500 ml
Zubereitung: 40 Minuten

Für das Apfelmus
2 kg säuerliche und/oder süße Äpfel (z. B. Boskoop, Jonagold)
Saft von 1 Zitrone
1 Vanilleschote
2 Zimtstangen
½ TL Kardamomkapseln

Für das Apfelmus die Äpfel waschen, vierteln und das Kerngehäuse entfernen. Die Äpfel würfeln und mit dem Zitronensaft vermengen. Die Vanilleschote längs aufschneiden und das Mark herauskratzen.

200–250 ml Wasser, Zimtstangen, Vanillemark und -schote, Kardamom sowie Apfelstücke in einen großen Topf füllen und zum Kochen bringen. Bei schwacher bis mittlerer Hitze zugedeckt 20 Minuten köcheln lassen.

Vanilleschote, Kardamom und Zimtstangen entfernen und das Mus passieren. Noch einmal kurz aufkochen lassen und in vorbereitete sterilisierte Einmachgläser füllen. Sofort luftdicht verschließen und kopfüber abkühlen lassen. Gut verschlossen und an einem dunklen Ort aufbewahrt hält das Apfelmus bis zu 6 Monate. Wer möchte, kann das Mus auch portionsweise einfrieren.

Selbst gemachtes Gelee aus Äpfeln gehört zu den Klassikern in der Vorratskammer. Für das Gelee greifen wir gerne zu noch nicht ganz reifen säuerlichen Äpfeln, da diese viel Pektin enthalten. Eine tolle Art und Weise Fallobst aus dem Garten zu verarbeiten.

Apfel-Ingwer-Gelee

Ergibt 5 Gläser à 200 ml
Zubereitung: 2 Stunden

Für das Gelee

1,5 kg Äpfel (z. B. Berlepsch, Danziger Kantapfel, Boskoop)
100 g frischer Ingwer
Saft von 1 Zitrone
1–2 Sternanis
1 Msp. gemahlener Kardamom
1 TL gemahlener Zimt
500 g Gelierzucker 2:1

Die Äpfel waschen und samt Schale und Kerngehäuse grob in kleine Stücke schneiden. In einen Topf mit 600–700 ml Wasser geben. Die Apfelstücke sollten auf dem Boden des Topfes gut im Wasser liegen. Aufkochen und ohne umzurühren bei mittlerer Hitze 40 Minuten simmern lassen.

Etwa 1 Stunde (oder über Nacht) durch ein feines, mit einem feuchten Passier- oder Geschirrtuch ausgelegtes Sieb abtropfen lassen. Die Äpfel dabei nicht auspressen, da sonst Trübstoffe ins Gelee gelangen. Die gewonnene Flüssigkeit in einem Messbecher abmessen. Benötigt wird etwa 1 l. Sollte weniger Apfelsaft entstanden sein, mit Wasser auffüllen. Den Ingwer schälen und in kleine Stücke schneiden. Zusammen mit Apfel- und Zitronensaft sowie Gewürzen zum Kochen bringen und etwa 5 Minuten köcheln lassen. Durch ein Sieb abgießen.

Gelierzucker und Apfel-Ingwer-Saft in einem Topf verrühren. Unter Rühren bei starker Hitze aufkochen und mindestens 3 Minuten sprudelnd kochen. Das Gelee in sterile Gläser abfüllen. Fest verschließen, umdrehen und etwa 5 Minuten auf dem Deckel stehen lassen.

Alternativ kann das Gelee aus 1 l Apfelsaft hergestellt werden

Ob zu Fleisch oder Fisch, auf Sandwiches oder Burger: Chutneys verleihen selbst einfachen Gerichten das gewisse Etwas. Unser Apfel-Zwiebel-Chutney ist süß-sauer, leicht scharf und würzig. Wir essen es am liebsten zu Käse oder als leckere Sauce für unsere Wildschweinburger (siehe Seite 54).

Apfel-Zwiebel-Chutney

Ergibt 3 Gläser à 200 ml
Zubereitung: 40 Minuten

Für das Chutney
4 süß-säuerliche Äpfel (z. B. Gravensteiner, Borsdorfer Renette, Elstar; ca. 500–600 g)
2 rote Zwiebeln
2 Knoblauchzehen
15 g Ingwer
2 Chilischoten
200 g brauner Zucker
1 TL Koriandersamen, zerstoßen
60 g Rosinen
½ TL frisch gemahlener schwarzer Pfeffer
1–1½ TL Salz
150 ml Apfelsaft
150 ml Apfelessig

Die Äpfel waschen und entkernen, die Zwiebel schälen und beides fein würfeln. Knoblauch und Ingwer schälen und zusammen mit den Chilischoten fein hacken.

Alle Zutaten in einen Topf füllen und vermischen. Bei mittlerer Hitze ohne Deckel etwa 25–30 Minuten unter regelmäßigem Rühren köcheln lassen, bis kaum noch Flüssigkeit vorhanden ist. Die Konsistenz sollte am Ende marmeladenartig sein.

In 2–3 Tagen verbrauchen oder noch heiß in sterile Einmachgläser füllen und luftdicht verschließen. Kühl und dunkel aufbewahren.

Unsere Großeltern waren Meister im Einkochen. Obst und Gemüse aus dem Garten wurden in Gläser gefüllt und im Wasserbad haltbar gemacht. Auch Monate nach der Ernte konnten wir als Kinder eingeweckte Birnen, Äpfel oder Zucchini naschen. Das Interesse und die Begeisterung fürs Einkochen haben sich bis heute gehalten. Unsere Äpfel in Vanillesud essen wir gerne zu Milchreis, Quarkknödeln oder Kaiserschmarrn.

Äpfel in Vanillesud

Ergibt ca. 4 Gläser à 300 ml
Zubereitung: 20 Minuten
Einwecken: 30 Minuten

Für die Äpfel
3 EL Zitronensaft
1,5 kg Äpfel
2 Vanilleschoten
6 EL Zucker
4 EL Calvados

Den Backofen auf 175 °C vorheizen.

In einer Schüssel den Zitronensaft mit 1 l Wasser mischen. Die Äpfel schälen, vierteln und entkernen. Schadhafte Stellen herausschneiden. Die Apfelspalten in die Schüssel mit dem Zitronenwasser legen, damit sie nicht braun werden. Durch ein Sieb abgießen, das Zitronenwasser dabei auffangen und in einen Topf geben. Die Vanilleschoten halbieren und der Länge nach teilen. Mit Zucker und Calvados zum Zitronenwasser geben und aufkochen. Etwa 5 Minuten köcheln lassen.

Die Äpfel dicht in sterile Gläser füllen. Mit dem Sud übergießen und jeweils ½ Vanilleschote dazugeben. Die Gläser verschließen und auf ein tiefes Backblech stellen. Das Backblech etwa 2 cm hoch mit Wasser befüllen. Die Äpfel im Ofen (Mitte) etwa 30 Minuten einwecken, bis die Flüssigkeit im Glas perlt. Herausnehmen und abkühlen lassen. Im verschlossenen Glas halten sich die Äpfel so mehrere Monate.

Diese süße Tomatenkonfitüre mit Apfelstückchen ist ein toller Begleiter zu Fleisch, schmeckt aber auch zu würzigem Käse wunderbar. Wir genießen sie gerne pur auf selbst gebackenem Brot (siehe Seite 128).

Tomaten-Apfel-Konfitüre

Ergibt 2–3 Gläser à 200 ml
Zubereitung: 30 Minuten

Für die Konfitüre
250 g Kirschtomaten
1 Apfel (ca. 100 g)
1 kleine Zwiebel
2 EL Aceto balsamico
50 g Zucker
Salz
Pfeffer

Die Tomaten in kochendes Wasser geben und so lange köcheln, bis die Schalen aufreißen. In kaltem Wasser abschrecken, schälen und grob hacken.

Den Apfel waschen und fein würfeln. Die Zwiebel schälen und grob hacken. Apfel und Zwiebel mit den Tomaten in einen Topf geben. Kurz anbraten und nach etwa 5 Minuten Balsamico, 150 ml Wasser und Zucker dazugeben. 15 Minuten einkochen und mit Salz und Pfeffer abschmecken. Innerhalb von 2–3 Tagen verbrauchen oder noch heiß in sterile Einmachgläser füllen und luftdicht verschließen. Kühl und dunkel aufbewahren.

In Korea wird Kimchi als Beilage zu jeder Hauptmahlzeit gereicht. Und auch in westlichen Ländern wird der säuerlich-scharf fermentierte Kohl immer beliebter. Wie bei Sauerkraut wird das Gemüse mittels Milchsäurebakterien vergoren und so haltbar gemacht. Neben seinem einmaligen Geschmack ist Kimchi vor allem sehr gesund: Er ist reich an Ballaststoffen und Vitaminen, und die in großen Mengen enthaltenen Mikroorganismen sind gut für eine gesunde Darmflora.

Apfel-Weißkohl-Kimchi

Für etwa 4 Gläser à 500 ml
Zubereitung: 30 Minuten
Ruhen: 4–7 Tage

Für den Kimchi
1 kg Weißkohl
70 g grobes Meersalz
2 EL Fischsauce
1 EL Reismehl
20 g Ingwer
2 Knoblauchzehen
2 kleine süß-säuerliche Äpfel (z. B. Gravensteiner, Berlepsch, Elstar, Jonagold)
40 g Gochugaru (koreanisches rotes Chilipulver, erhältlich in gut sortieren Asiamärkten)
2 EL Sojasauce
2 TL Salz
200 g Rettich
200 g Karotte
1 Bund Frühlingszwiebeln

Die äußeren Blätter des Kohls entfernen. Den Kohl achteln und in mundgerechte Stücke schneiden. In eine ausreichend große Form geben und mit dem Salz mischen. Mindestens 2 Stunden (oder über Nacht im Kühlschrank) durchziehen lassen. Anschließend unter fließendem Wasser sehr gut abspülen und gut abtropfen lassen.

100 ml Wasser und Fischsauce aufkochen, das Reismehl einrühren und 5 Minuten köcheln lassen. Ingwer und Knoblauch schälen und grob hacken. Die Äpfel schälen, vierteln und entkernen. Einen Apfel grob würfeln, den übrigen Apfel mit der aufgekochten Fischsauce, Gochugaru, Knoblauch, Ingwer, Sojasauce und Salz im Mixer pürieren.

Rettich und Karotte schälen, nach Belieben in Würfel oder Streifen schneiden. Die Frühlingszwiebeln waschen und in Ringe schneiden. In einer großen Schüssel Apfel und Gemüse gründlich mit der Marinade vermengen. In saubere Gläser füllen, das Gemüse dabei gut nach unten drücken. Darauf achten, dass es mit Flüssigkeit bedeckt ist. Bei Bedarf mit etwas Salzwasser auffüllen.

Abgedeckt (etwa mit einem Teller) je nach Geschmack 4–7 Tage bei Zimmertemperatur fermentieren. Immer wieder prüfen, ob der Kimchi mit ausreichend Flüssigkeit bedeckt ist. Anschließend gut verschließen und in den Kühlschrank stellen. In den ersten Tagen das Glas hin und wieder öffnen, um entstehende Gase entweichen zu lassen. Sollte sich während des Fermentationsprozesses Schimmel auf dem Kimchi bilden, diesen abschöpfen. Der darunter liegende Kimchi ist weiterhin genießbar.

MADE IN ITALY

Register

D|E

F

G

Dank

Auch wenn unsere Namen ganz vorne auf dem Cover stehen – wir sind nicht die Einzigen, die an diesem besonderen Buch mitgearbeitet haben. Wir möchten uns daher bei all denjenigen bedanken, die uns in der Zeit der Buchproduktion unterstützt haben. Ein besonderer Dank gilt dabei dem DK Verlag, der uns diese Chance gegeben und an uns geglaubt hat.
An die Familie Hammerschmidt, die uns nicht nur ihr »Pomarium« Anglicum gezeigt, sondern uns die Vielfalt der Äpfel nähergebracht hat. Es ist schön, dass es Menschen gibt, die mit solch großer Hingabe einer Leidenschaft nachgehen und dafür sorgen, dass alte Apfelsorten nicht in Vergessenheit geraten.
Ganz herzlich möchten wir uns zudem bei unserem Freund Moritz Hochhauser bedanken. Er hat uns nicht nur beim Kochen der vielen Leckereien geholfen, sondern uns auch bei der Rezeptentwicklung unterstützt – und dabei seine Handschrift mit in dieses Buch einfließen lassen.
Ein lieber Dank gilt zu guter Letzt Sven Koukal und Felicitas Macketanz für die Unterstützung bei Text und Korrektur. Ihr seid die Besten!

Impressum

DK | Penguin Random House

Rezepte, Texte und Fotografie
Madeleine und Florian Ankner
Coverfoto Madeleine und Florian Ankner
Lektorat Margarethe Brunner
Innengestaltung, Typografie, Realisation, Covergestaltung Atelier Schug: Sibylle Schug, Astrid Shemilt, Barbara Mally

Für den DK Verlag:
Programmleitung Monika Schlitzer
Redaktionsleitung Anne Heinel
Projektbetreuung Jessica Kleppel, Julia Sommer
Herstellungsleitung Dorothee Whittaker
Herstellungskoordination Ksenia Lebedeva
Herstellung Verena Marquart, Sabine Hüttenkofer

ISBN 978-3-8310-4008-7

Repro Farbsatz, Neuried/München
Druck und Bindung Livonia, Lettland

FSC www.fsc.org MIX Papier aus verantwortungsvollen Quellen FSC® C002795

www.dk-verlag.de

Hinweis
Die Informationen und Ratschläge in diesem Buch sind von den Autoren und vom Verlag sorgfältig erwogen und geprüft, dennoch kann eine Garantie nicht übernommen werden.
Eine Haftung der Autoren bzw. des Verlags und seiner Beauftragten für Personen-, Sach- und Vermögensschäden ist ausgeschlossen.

Hinweis zu den Ofentemperaturen
Soweit nicht anders angegeben, beziehen sich die Temperaturangaben für den Ofen auf Ober- und Unterhitze. Bei Umluft verringert sich die Temperatur um etwa 20 °C. Beachten Sie hierzu gegebenenfalls auch die Angaben des Herstellers.